Meditação PARA LEIGOS®

Tradução da 2ª Edição

Edição de Bolso

Meditação PARA LEIGOS®

Tradução da 2ª Edição

Edição de Bolso

por Stephan Bodian

Prefácio de Dr. Dean Ornish,
Autor de *A Dieta de Salvando o Seu Coração*

ALTA BOOKS
EDITORA
Rio de Janeiro, 2014

Meditação Para Leigos, Tradução da 2ª Edição — Edição de Bolso
 ISBN: 978-85-7608-831-8

Impresso no Brasil — 1ª Edição, 2014

Produção Editorial Editora Alta Books **Gerência Editorial** Anderson Vieira	**Supervisão e Qualidade Editorial** Angel Cabeza Sérgio de Souza **Design Editorial** Aurélio Corrêa	**Captação e Contratação de Obras** Cristiane Santos J. A. Rugeri Marco Pace autoria@altabooks.com.br	**Vendas Atacado e Varejo** Daniele Fonseca Viviane Paiva comercial@altabooks.com.br	**Marketing e Promoção** Hannah Carriello marketing@altabooks.com.br **Ouvidoria** ouvidoria@altabooks.com.br
Equipe Editorial	Auleriano Messias Claudia Braga Eduarda Girard Letícia Vitoria de Souza	Livia Brazil Marcelo Vieira Mayara Coelho Milena Lepsch	Milena Souza Natália Gonçalves Raquel Ferreira Rodrigo Araujo	Thiê Alves
Revisores Wandy Campos	**Diagramação** Joyce Matos			

Dados Internacionais de Catalogação na Publicação (CIP)

B667m Bodian, Stephan.
Meditação para leigos edição de bolso / por Stephan Bodian ; prefácio de Dean Ornish. – Rio de Janeiro, RJ : Alta Books, 2014.
252 p. : il. ; 17 cm + 1 disco sonoro : digital estereo ; 4 ¾ pol – (Para leigos)

Inclui apêndice.
Tradução de: Meditation for Dummies.
ISBN 978-85-7608-831-8

1. Meditação. 2. Espiritualidade. 3. Consciência. 4. Emoções. I. Ornish, Dean. II. Título. III. Série.

CDU 242
CDD 291.43

Índice para catálogo sistemático:
1. Meditação 242

(Bibliotecária responsável: Sabrina Leal Araujo – CRB 10/1507)

ALTA BOOKS
EDITORA

Rua Viúva Cláudio, 291 — Bairro Industrial do Jacaré
CEP: 20970-031 — Rio de Janeiro
Tels.: 21 3278-8069/8419 Fax: 21 3277-1253
www.altabooks.com.br — e-mail: altabooks@altabooks.com.br
www.facebook.com/altabooks — www.twitter.com/alta_books

Sobre o Autor

Stephan Bodian vem praticando e ensinando meditação por mais de 35 anos. Suas oficinas de meditação e autorrealização são oferecidas pelo Omega Institute e outros centros de ensino e seus artigos sobre meditação e assuntos relacionados aparecem regularmente em revistas. Quando não está escrevendo ou lecionando, Stephan aplica técnicas de aconselhamento e treinamento para orientar clientes no uso das técnicas de meditação para o autoconhecimento e cura.

Dedicatória

Este livro é dedicado aos grandes mestres e professores de meditação, de todas as culturas e idades, que continuam a nos mostrar o caminho por meio de exemplo sábio e compassivo; e a você, caro leitor, que a prática da meditação lhe traga a paz, a saúde e a felicidade que procura!

Agradecimentos

Eu gostaria de expressar a minha gratidão aos colegas, professores e amigos que contribuíram para a criação deste livro: à minha agente, Carol Susan Roth, pelo projeto; ao meu Editor de Aquisições da primeira edição, Tammerly Booth, cujo entusiasmo pelo projeto nunca diminuiu; ao meu Editor de Projeto da primeira edição, Melba Hopper, com seus olhos clínicos, mas sempre cordiais; Mikal Belicove, meu Editor de Aquisição da segunda edição, por concordar que o livro seria, de fato, enriquecido por faixas de áudio instrutivas; as outras pessoas que ajudaram a tornar possível a segunda edição, especialmente o Editor Mike Lewis, a Editora de Projeto Elizabeth Kuball e a Editora Técnica Anna Douglas.

Eu gostaria de fazer um agradecimento especial para: o Dr. Dean Ornish, cujas pesquisas pioneiras ajudaram a mudar a cara da medicina moderna e por gentilmente escrever o prefácio; a assessora técnica Eleanor Criswell, professora de psicologia da Universidade Estadual de Sonoma, que generosamente apoiou e criticou meu trabalho ao longo dos anos; Rick Shiner, um velho amigo e extraordinário engenheiro de gravação, pela produção dos áudios.

Eu tive a inestimável sorte de estudar com alguns grandes professores de meditação, sem os quais este livro nunca teria sido escrito. Qualquer sabedoria que abrilhantar estas páginas foi iluminada por suas pacientes instruções. Minhas profundas reverências especialmente a Shunryu Suzuki Roshi e Kobun Chino Otogawa Roshi; a Chogyam Trungpa Rinpoche e Drubwang Tsoknyi Rinpoche; ao meu querido "professor raiz", Jean Klein, que me guiou diretamente ao coração da meditação; e a Adyashanti, que através de suas palavras de amor e sua presença lúcida, despertou seu Buda interior!

Gostaria também de agradecer a outros escritores e professores ocidentais, dos quais os trabalhos inspiraram e informaram o meu próprio: Joan Borysenko, Pema Chodron, Jon Kabat-Zinn, Jack Kornfield, Joel Levey, Stephan Levine, Byron Katie Rolle e Suzanne Segal.

No dia a dia, fui amparado pelo amor e apoio de meus amigos e família. Barbara Green ouviu amorosamente, ajudou a tranquilizar minha mente preocupada e forneceu indispensável conforto material; Katie Darling que animou meu espírito nos momentos de abatimento; meu grupo de quinta-feira de manhã (todos amigos meus do coração) que ofereceu suporte espiritual e emocional; Caroline Palden Alioto que me deu amizade e sábio aconselhamento; e John Prendergast (que me encorajou a fazer este livro quando tive dúvidas) e o meu velho amigo Zen, Roy Wiskar, que leu partes do manuscrito e me deu preciosos e incentivadores feedbacks. Obrigado, obrigado a cada um de vocês!

Sumário

Prefácio

O título deste livro é um tanto enganoso, pois aprender a meditar foi uma das decisões mais conscientes que já tomei em minha vida.

Meditação é poder. Não importa o que você faz, a meditação pode ajudá-lo a fazer melhor.

Por exemplo, meus colegas e eu conseguimos demonstrar, pela primeira vez, que até mesmo a progressão de doenças cardíacas coronárias graves pode ser revertida, quando as pessoas implementam meu programa de amplas mudanças em seu estilo de vida. Apesar de muitos pensarem que este programa é baseado principalmente na dieta, a meditação é, na verdade, uma parte de igual importância.

Então, por que mais pessoas não meditam?

Em *Meditação Para Leigos Edição de Bolso*, Stephan Bodian ajuda a dissipar muitas das ideias equivocadas mais comuns sobre a meditação.

Muitos veem meditação como:	**Na verdade, meditação é:**
Entediante	Interessante
Esotérica	Familiar
Mística	Sensorial
Improdutiva	Extremamente produtiva
Difícil	Natural
Frágil	Poderosa

Meditação é a prática e o processo de prestar atenção e focar sua consciência. Quando você medita, uma série de coisas desejáveis começa a acontecer – lentamente, no início, e cada vez mais ao longo do tempo. Como descrevi em *Amor & Sobrevivência*:

Primeiro, *quando você consegue focar sua consciência, você ganha mais poder*. Quando você concentra qualquer forma de energia, incluindo energia mental, você ganha poder. Quando você se concentra melhor, você se desempenha melhor. Você pode alcançar mais, seja na sala de aula, na sala de reuniões ou nos esportes. Qualquer coisa que você faça, pode fazê-la mais efetivamente quando medita. É por este motivo que professores e textos espirituais advertem que uma pessoa só deveria iniciar a prática da meditação no contexto de outras atividades e disciplinas espirituais que ajudam a desenvolver compaixão e sabedoria, para usar de maneira adequada este poder elevado.

Segundo, *você aproveita seus sentidos mais intensamente*. Embora algumas pessoas, às vezes, vejam ou usem meditação como uma experiência mística para *controlar* seus sentidos, a meditação também pode *melhorar* seus sentidos por meios profundamente sensoriais. Qualquer coisa de que você goste — comida, sexo, música, arte, massagem e tudo mais — será muito aprimorada com meditação. Quando você presta atenção em alguma coisa, é muito mais prazeroso. Além do mais, não precisa tanto disto para obter o mesmo grau de prazer, de modo que você tem mais chances de se divertir sem excessos.

Quando você mantém um muro cercando seu coração, para blindá-lo e protegê-lo do sofrimento, você também diminui a sua capacidade de sentir prazer. Quando sua vida é uma constante correria, pode deixar passar prazeres intensos que ocorrem de quando em quando. A duração de sua atenção fica mais curta. Há necessidade por estímulos para simplesmente sentir *algo* que cresce constantemente. A meditação aumenta a consciência e a sensibilidade; tanto que pode funcionar como um antídoto contra o entorpecimento e a distração.

Terceiro, *sua mente se acalma e você experimenta uma sensação interna de paz, alegria e bem-estar*. Quando eu comecei a aprender a meditar e a perceber sinais de paz interior, isto mudou minha vida. Ela redefiniu e reformulou minha experiência. Antes, eu pensava que a paz de espírito viesse do ter e do fazer; agora, entendo que ela vem do *ser*. É de nossa natureza ter paz até que nós a perturbemos.

Este é um conceito totalmente diferente a respeito de onde vem nossa felicidade e bem-estar. Em um dos grandes paradoxos da vida, não estando conscientes dessa verdade, nós geralmente acabamos perturbando nossa paz interior durante nosso esforço para conseguir e fazer o que achamos que nos trará a mesma paz.

Quarto, *você pode, diretamente, experimentar e se tornar mais consciente da interconectividade transcendente que já existe*. Você pode ter uma experiência direta com Deus ou com o seu Eu universal, ou seja lá o nome que você atribui a esta experiência.

A arte da meditação tem um conceito simples, mas é difícil de dominar. Felizmente, você não precisa ser mestre em meditação para se beneficiar dela. Você só tem que praticar. Ninguém nunca se torna realmente um mestre por completo, mas até mesmo alguns poucos passos neste sentido podem fazer uma diferença significativa. É o *processo* da meditação que a faz tão benéfica, não o quanto você é bom nela.

Em minhas pesquisas, a maioria dos participantes relatou dificuldade bem maior na prática da meditação do que na prática de exercícios ou dieta. Por quê? Você tem que comer; é só uma questão do que comer. Meditação, por outro lado, não é parte da rotina ou da experiência cotidiana das pessoas. A atividade física é mais comum para as pessoas, além do caráter revigorante — você está lá fora, realmente fazendo algo, enquanto que a meditação ainda tem o que alguns de nossos participantes da pesquisa chamaram inicialmente de "fator fraco". Olhando de fora, parece que você não está fazendo nada quando medita. Na verdade, a meditação é um processo ativo e poderoso.

Existem muitas formas diferentes de meditação. Ela é encontrada em todas as culturas e em todas as religiões do mundo — porque funciona. Verdade é verdade. Apesar das formas variarem, certos princípios são quase sempre encontrados.

Esta atitude de prestar atenção pode ajudar a transformar tudo o que fazemos em uma forma de meditação. Tudo o que fazemos com concentração e atenção se torna meditação.

Como editor do *Yoga Journal* por muitos anos, Stephan Bodian teve a oportunidade de familiarizar-se com muitas abordagens diferentes de meditação e yoga. Ele condensou o melhor delas neste livro e gentilmente lhe orienta, passo a passo, a encontrar a forma e o estilo de meditação que melhor funciona para você.

Meditação Para Leigos Edição de Bolso é brilhante. Realmente brilhante.

Dean Ornish, Dr. Fundador, Presidente e Diretor do Instituto de Pesquisa de Medicina Preventiva. Professor Clínico de Medicina na Universidade da Califórnia, São Francisco. Autor de *Faça Suas Escolhas* e *A Dieta de Salvando Seu Coração.*

Introdução

Todos parecem querer saber meditar hoje em dia. Dos nascidos na pós-guerra às pessoas da Geração X, dos adolescentes ansiosos aos aposentados, das donas de casa irritadas aos executivos apressados, dos sofredores de ataque cardíaco aos atletas de fim de semana, mais e mais pessoas estão buscando soluções para esta vida estressante, corrida e super estimulada que levamos. Como a mídia e a medicina tradicionais falharam em fornecer respostas satisfatórias, cada vez mais as pessoas estão se voltando às práticas conhecidas há tempos, como meditação, atrás de remédios comprovados para curar as doenças da vida.

Você pode aprender o básico da meditação em cinco minutos. Simplesmente sente-se em uma posição confortável, endireite sua coluna, respire fundo e acompanhe sua respiração. É simples assim! Se você o fizer regularmente, verá que em pouco tempo estará se sentindo mais relaxado e aproveitando mais a vida. Digo por experiência própria — venho praticando e ensinado meditação há mais de 30 anos.

Sobre o Livro

Por ser professor de meditação, sempre fui pressionado a elaborar um único livro que ensinasse o básico, que fornecesse uma visão geral compreensiva de práticas e técnicas e que oferecesse orientação para ir mais a fundo. As análises globais ignoram os detalhes básicos — no que focar, como sentar, o que fazer com a sua mente maluca. Os livros que ensinam a meditar tendem a oferecer somente algumas técnicas. E aqueles que mostram como explorar o rico mundo interior da meditação, geralmente, têm uma perspectiva espiritual sectária que limita a amplitude de suas apresentações. Em outras palavras, você teria que ser um Budista ou um yogi ou um Sufi para saber do que eles estão falando.

Se você procura instruções para meditação simples e fáceis de seguir, este é o lugar certo. Se quiser uma visão geral da meditação antes de se concentrar em um método ou aprendizagem específicos, verá um breve resumo das principais abordagens disponíveis hoje em dia.

Como um bônus especial, esta edição inclui faixas de áudio instrutivas, nas quais oriento, passo a passo, dez das mais poderosas e eficazes meditações descritas no livro. Quando você alcançar a sua cota de leitura e quiser algo mais prático, pode sentar-se em uma posição confortável, pôr o áudio e deixar minha voz guiá-lo facilmente pelo processo completo de meditação, do começo ao fim. O que poderia ser mais acessível e fácil do que isso?

Este livro é uma edição de bolso do livro *Meditação Para Leigos, 2ª Edição*. Sinta-se livre para lê-lo de capa a capa, se quiser, ou simplesmente folheá-lo até encontrar os capítulos que mais lhe agradem. Ao longo do livro, encontrará meditações e exercícios para experimentar e desfrutar. Algumas deles também são oferecidos nas faixas de áudio, onde você pode descobrir como praticá-los sem a necessidade do livro.

O melhor deste livro, na minha humilde opinião, é que ele é divertido de ler. A meditação não tem que ser chata ou um assunto nebuloso. Pelo contrário: o propósito de meditar é, antes de tudo, relaxar e experimentar mais paz e alegria em sua vida. Então esqueça aqueles estereótipos de monge Zen tenso ou o recluso egocêntrico! Você pode descobrir tudo o que sempre quis saber sobre meditação e se divertir no processo.

Convenções Usadas Neste Livro

Usei algumas convenções neste livro para ajudar você a navegar com facilidade:

- Quando quero deixar um tópico bem claro, eu separo os pontos principais em listas com marcadores (como esta), então você pode acompanhar facilmente sem se perder num oceano de verbosidades excessivas.
- Assim como uma peça musical pode começar com algumas palavras de abertura, conhecida como *prelúdio*, a maioria das instruções de meditação deste livro começa com uma diretriz semelhante — sentar quieto, fechar os olhos e respirar fundo algumas vezes. Quando estiver acostumado com este prelúdio, você pode naturalmente iniciar com ele, cada vez que meditar.
- A primeira vez que termos desconhecidos aparecerem, eles estarão em *itálico* e seguidos de uma breve definição.
- Endereços de rede e de e-mail estão em formato courrier new, de modo que você possa encontrá-los facilmente.

Só de Passagem

Em algumas partes ao longo do livro, você verá alguns quadros cinzas, que chamo de "box". Nelas há informações complementares, como histórias, exemplos, explanações e meditações variadas. Apesar de serem divertidos de ler e terem o intuito de melhorar o livro, não são essenciais. Portanto, se você tem pressa de chegar ao cerne da questão, sinta-se livre para pulá-los — e voltar mais tarde se quiser.

Penso que....

Quando escrevi este livro, fiz algumas suposições sobre você, caro leitor, que imaginei que deveria compartilhar com você antes de começarmos:

- Você está suficientemente intrigado pelo tópico da meditação para escolher este livro, mas você ainda não descobriu como meditar — ou, se descobriu, sente que ainda precisa de mais orientação.
- Você quer menos estresse e mais felicidade e tranquilidade e está disposto a dedicar um pouco de seu precioso tempo para alcançar isto.
- Por não poder passar longas horas meditando em um monastério ou um ashram, você quer instruções que você possa pôr em prática agora, em casa ou no trabalho.
- Você não mora em uma ilha deserta ou alguma parte isolada do globo; pelo contrário, você vive no mundo real e confronta os estresses, as pressões e as responsabilidades habituais que a maioria de nós.
- Se tais suposições se aplicam a você, então, definitivamente este é o lugar certo!

Ícones Usados Neste Livro

No decorrer do livro, uso ícones nas margens para atrair a sua atenção para específicos tipos de informação. Aqui está uma lista com o significado de tais ícones:

TOQUE ISSO! Para orientação prática das meditações assinaladas com este ícone, simplesmente abaixe o livro, prepare o áudio e siga minha instrução.

Você pode encontrar os arquivos de áudio online de forma gratuita. Basta entrar em www.altabooks.com.br e buscar pelo nome do livro ou ISBN.

MEDITAÇÃO Quando você vir este ícone, prepare-se para parar o que está fazendo, respire fundo algumas vezes e comece a meditar. É sua chance de saborear a coisa de verdade.

LEMBRE-SE Se eu não disse antes, deveria ter dito — é uma informação importante que merece ser repetida.

ASSUNTO ESPIRITUAL Este cara esperto mostra onde encontrar reflexões de uma natureza mais filosófica.

DICA Se você quer que sua meditação seja mais fácil e eficaz, siga este conselho de um profundo conhecedor.

SABEDORIA TRADICIONAL As pessoas têm meditado por milhares de anos. Aqui estão algumas das coisas legais que elas descobriram, em forma de anedota ou história.

De Lá para Cá, Daqui para Lá

Agora que você conhece a organização do livro (veja o tópico "Como Este Livro É Organizado"), seu próximo passo é decidir aonde ir. Lembre-se de que você não tem que ler o livro na sequência, de capa a capa — pode escolher qualquer parte do seu interesse. Ele foi intencionalmente escrito assim, com essa ideia em mente.

Adoraria ouvir o que você tem a dizer. Para falar comigo, confira meu site (em inglês) `www.stephanbodian.org` ou envie um e-mail para `stephanbodian@hotmail.com`.

Parte I

Familiarizando-se

A 5ª Onda por Rich Tennant

"Aqui vai uma dica — se você ouvir seu ronco, é porque está meditando profundamente".

Nesta parte...

Você encontra tudo que pode querer saber sobre meditação para deixá-lo interessado, motivado, e, principalmente, começar.

Você também tem a oportunidade de investigar por si próprio, o que o traz para a meditação — e o que você espera conseguir com ela.

Capítulo 1

O Que É Meditação — e o Que Não É

Neste Capítulo

- Escalando a montanha da meditação
- Chegando ao topo e a outras montanhas ao longo do caminho
- Conferindo as principais técnicas de meditação
- Sabendo o que verá quando chegar ao topo
- Desenvolvendo concentração, consciência receptiva, contemplação e desenvolvimento

O melhor sobre a meditação é que, na verdade, ela é bem simples. Simplesmente sente-se, aquiete-se, volte a atenção para o seu interior e foque sua mente. Isso é tudo o que você tem que fazer, de verdade (veja o box "Meditação: É mais fácil do que você pensa"). Então, você deve estar imaginando: "Por que as pessoas escrevem tantos livros e artigos sobre isso — incluindo livros detalhados como este? Por que simplesmente não apresentam algumas breves instruções e deixam de lado toda a verborragia?

Digamos que você está planejando fazer uma longa viagem de carro para algum lugar pitoresco. Você poderia simplesmente anotar rapidamente as direções e segui-las uma a uma. Depois de alguns dias, provavelmente chegará aonde queria. Mas você aproveitará mais se tiver um guia para lhe mostrar as atrações — ou um manual para solucionar problemas com seu carro. Talvez você queira sair do itinerário um pouco para conhecer lugares com belas paisagens ou pegar um caminho totalmente diferente — ou um veículo diferente!

Do mesmo modo, você pode considerar a prática da meditação um tipo de viagem — e o livro que você tem em mãos o seu guia de viagem. Este capítulo dá uma visão geral sobre sua viagem, oferece algumas rotas alternativas para seu destino, explica as habilidades básicas de

TOQUE ISSO!

Meditação: É mais fácil do que você imagina

Meditação é simplesmente a prática de focar sua atenção num objeto específico — geralmente algo simples, como uma palavra ou frase, a chama de uma vela, uma figura geométrica ou sua respiração. No dia a dia, sua mente está constantemente processando uma represa de sensações, impressões visuais, emoções e pensamentos. Quando você medita, estreita o seu foco, restringe os estímulos que bombardeiam seu sistema nervoso — e acalma sua mente no processo.

Para sentir um gostinho da meditação, siga estas instruções. Para instruções de áudio detalhadas, escute a Faixa 2.

1. **Ache um lugar tranquilo para sentar-se confortavelmente, com a coluna ereta.**

   Se você tende a se jogar em sua poltrona favorita, ache alguma coisa mais firme.

2. **Respire fundo algumas vezes, feche seus olhos e relaxe seu corpo o máximo que puder.**

   Se você não sabe como relaxar, leia o Capítulo 6.

3. **Escolha uma palavra ou frase que tenha um significado pessoal ou espiritual especial para você.**

   Aqui estão alguns exemplos: "Só existe o amor", ou "Não se preocupe, seja feliz", "Confie em Deus".

4. **Comece a respirar pelo nariz (se puder) e, conforme respira, repita a palavra ou frase silenciosamente para si mesmo.**

   Você pode sussurrar ou apenas articular a palavra ou frase, ou simplesmente a repita em sua mente. Caso se distraia, volte a repetir a palavra ou frase.

   Como alternativa, concentre-se em sua respiração, no ar que entra e sai pelas suas narinas, volte sua atenção para sua respiração sempre que se distrair.

5. **Continue com a meditação por cinco minutos ou mais; então calmamente levante-se e prossiga com seu dia.**

Como se sentiu? Pareceu estranho ficar repetindo a mesma coisa ou acompanhar sua respiração? Achou difícil se concentrar? Ficou mudando a frase? Se ficou, não se preocupe. Com práticas regulares e a orientação deste livro, você vai progredir.

É claro, você poderia facilmente passar frutíferos e prazerosos anos se especializando nas sutilezas e complexidades da meditação. Mas a boa notícia é que a prática básica é bastante simples e você não precisa ser um especialista para fazê-la – ou para gozar de seus benefícios extraordinários.

que precisa para chegar lá — e indica alguns desvios que podem parecer ter os mesmos benefícios, mas que na verdade não têm.

Embarcando na Jornada de Meditação

Sem dúvida, você escolheu este livro por estar procurando algo a mais na vida — mais paz de espírito, mais energia, mais bem-estar, mais felicidade. Você ouviu falar de meditação e tem curiosidade de saber o que ela oferece. Para continuar a metáfora da jornada, você poderia dizer que a prática da meditação começa onde você está e termina onde você deseja estar.

Sendo do tipo aventureiro, gosto de imaginar isso como a escalada de uma montanha. Você já viu fotos do topo e olhando lá de baixo, você mal consegue enxergá-lo no meio das nuvens. Mas a única forma de chegar lá é subindo — um passo por vez.

Diferentes caminhos para subir a mesma montanha

Imagine que está se preparando para subir esta montanha. Como vai chegar ao topo? Poderia fazer umas aulas de alpinismo, comprar o equipamento certo e lentamente escalar a face rochosa. Ou poderia escolher uma das trilhas que serpenteiam montanha acima e fazer uma caminhada sossegada até o topo. Obviamente, também poderia trapacear e subir com seu carro, mas isso acabaria com a minha metáfora!

Embora todas levem ao mesmo lugar, cada trilha tem a sua característica única. Uma pode levá-lo a uma subida gradual por florestas e campinas, enquanto outra pode ser íngreme e cheia de terrenos acidentados. Por uma, você pode ter vistas de vales exuberantes, repletos de flores; pela outra, pode ver áreas agrícolas ou desertos.

Dependendo de sua energia e motivação, você pode decidir parar e curtir um local especial por algumas horas (ou uns dias) apreciando a paz e a tranquilidade. E pode ser que goste tanto que decida não continuar. Talvez queira escalar algum pico mais baixo no caminho em vez de completar o percurso até o cume. Ou pode preferir dar tudo o que tem até o topo o mais rápido possível, sem se preocupar em passar um tempo em lugar algum.

Bem, a jornada da meditação tem muito a ver com esta escalada. Você pode almejar o topo, ou pode simplesmente se concentrar em uma colina gramada ou em um pico menor na metade do caminho. Não importa o seu destino, pode se divertir e colher os benefícios de meramente respirar fundo e exercitar músculos que nem sabia que tinha.

As pessoas vêm escalando a montanha da meditação há milhares de anos em diferentes partes do mundo. Como resultado, existe hoje uma porção de mapas topográficos e guias, cada qual com sua versão exclusiva de como subir a montanha — e suas recomendações pessoais sobre como caminhar e o que levar na jornada.

Normalmente, os manuais de orientação descrevem um caminho espiritual que envolve uma série de crenças e práticas, muitas vezes secretas, que foram passadas de uma geração para outra. Nas últimas décadas, entretanto, pesquisadores e professores ocidentais separaram a meditação de suas origens espirituais e agora a apresentam como um remédio para uma variedade de doenças do século XXI.

Ainda que os mapas e os livros descrevam o topo de formas diferentes — uns enfatizam os vastos espaços abertos; outros dão mais atenção à paz ou à satisfação que você sente quando chega lá; e outros até alegam que existe mais de que um pico — eu, por acaso, concordo com o velho sábio que disse: "As técnicas de meditação não passam de caminhos diferentes para subir a mesma montanha".

A vista do topo – e de outros picos pelo caminho

Quando você alcança o topo da montanha da meditação, o que vê? Se pudermos acreditar nos relatos dos meditadores e místicos que já escalaram a montanha antes de nós, poderemos dizer com alguma segurança que o topo da montanha abriga a fonte de todo amor, sabedoria, felicidade e alegria. Alguns chamam isso de espírito ou alma; a natureza verdadeira ou o eu verdadeiro; a verdade final ou o terreno do *ser* (ou simplesmente *ser*). Outros o chamam de Deus ou o Sagrado Mistério ou simplesmente o Único. Existem quase tantos nomes para isso quanto pessoas que o experimentam. E algumas tradições espirituais o consideram tão sagrado e poderoso, que hesitam em atribuir-lhe um nome.

Quanto à *experiência* de alcançar o topo, os meditadores mestres usam palavras como *iluminação* (da ignorância), *despertar* (de um sonho), *libertação* (da servidão), *liberdade* (da limitação) e *união* (com Deus ou o *ser*).

É claro, pode ser que não queira atingir um estado de iluminação. Talvez tenha comprado este livro só porque quer reduzir o estresse ou aperfeiçoar seu processo de cura ou lidar com suas emoções. Esqueça do Sagrado Mistério — um pouco mais de clareza e paz de espírito seria ideal para você!

Bom, a verdade é: você vai seguir o mesmo caminho, não importa o quão alto queira subir. Os fundamentos continuam os mesmos — mas cabe a você escolher seu destino. Entre os pontos de parada e picos mais populares encontrados ao longo do caminho ao topo, encontram-se as seguintes:

- Foco e concentração mais vigorosos.
- Tensão, ansiedade e estresse reduzidos.
- Mais clareza de pensamento e menos confusão emocional.
- Pressão sanguínea e níveis de colesterol mais baixos.
- Ajuda para largar vícios e outros comportamentos autodestrutivos.
- Maior criatividade e melhor desempenho no trabalho e nas atividades.
- Elevada autocompreensão e autoaceitação.
- Mais alegria, amor e espontaneidade.
- Maior proximidade com amigos e parentes.
- Uma noção mais profunda de significado e propósito.
- Vislumbre de uma dimensão espiritual do ser.

LEMBRE-SE

Como você pode ver, estas estações ao longo do caminho são, na verdade, destinos importantes, cada um com sua particular importância e todos valem muito a pena serem alcançados. Você pode ficar muito satisfeito em parar no meio da subida, depois de ter reduzido seu estresse, melhorado sua saúde e experimentado um maior bem-estar geral. Ou pode se sentir inspirado a prosseguir para altitudes mais elevadas, que os grandes meditadores descrevem.

O sabor da pura água da montanha

Para incrementar um pouco esta metáfora da montanha, imagine que existe no topo uma fonte inesgotável da pura *água do ser*. Dependendo de suas crenças, talvez prefira chamá-la de *água da graça* ou do *espírito* ou do *amor incondicional*. Aqueles que chegam até o topo podem se banhar na piscina que rodeia a fonte e mergulhar na água. Na verdade, alguns deles se fundem com a água e se tornam idênticos ao próprio *ser*. Não se preocupe, você não vai se fundir se não quiser!

Mas você não tem que subir até o topo para desfrutar do puro *sabor do ser*. A água desce a montanha por meio de riachos e regatos e abastece os campos e as cidades abaixo. Em outras palavras, você pode provar o *ser* em todo lugar, em tudo, porque o *ser* é a essência que mantém a vida em todos os níveis. Até começar a meditar, entretanto, você pode não saber qual é o *sabor do ser*.

LEMBRE-SE

Quando medita, você se aproxima da fonte de água e aprende a reconhecer o seu sabor. Dependendo da personalidade e de que ponto da montanha estão, as pessoas usam termos diferentes para descrever o gosto da água, tais como *calma, paz, bem-estar, plenitude, clareza* e *compaixão*. Não importa qual o seu destino ou onde para na subida da montanha; ainda pode molhar suas mãos na água do *ser* e experimentá-la por si próprio. A partir daí pode começar a encontrar o sabor do *ser* onde quer que vá!

Não há lugar como o nosso lar – e você já está lá!

Agora que construí a metáfora da montanha, vou derrubá-la. Sim, a jornada da meditação requer esforço e dedicação constantes, como a subida de uma montanha. Mas esta metáfora esconde alguns paradoxos importantes:

- **O topo não está em algum lugar distante fora de você; ele está nas profundezas do seu ser — algumas culturas dizem que em seu coração — e aguarda ser revelado.**

- **Você pode se aproximar do topo rapidamente; isso não leva necessariamente anos de prática.** Enquanto medita, por exemplo, quando acalma sua mente e experimenta uma paz ou uma tranquilidade profunda, percebe sua interconectividade com todos os seres ou sente uma onda de paz ou amor; você está saboreando a doce água do *ser* direto da sua fonte interior. E estes momentos lhe ensinam e nutrem de formas que você não consegue mensurar.
- **A metáfora da montanha sugere uma jornada progressiva e baseada em uma meta, mas a ideia da meditação é deixar de lado todas as metas e aspirações e simplesmente *ser*.** Assim como o título do best-seller de Jon Kabat-Zinn descreve, "Aonde quer que vá, lá está você", Ou como diz Dorothy em *O mágico de Oz*, "Não há lugar como nosso lar" — e a verdade é que, assim como Dorothy, você já está sempre lá!

É claro, você não vai abandonar todos seus pensamentos instantaneamente para simplesmente ser, mesmo quando medita. Isso é algo que você desenvolve lentamente, praticando sua meditação e gradualmente focando e simplificando o processo até estar fazendo cada vez menos enquanto medita — e *sendo* cada vez mais. A seguir, estão alguns dos estágios que você pode enfrentar no caminho de simplesmente *ser*:

- Acostumar-se a sentar quieto.
- Desenvolver a habilidade de voltar sua atenção para seu interior.
- Ter dificuldades para focar sua atenção.
- Distrair-se a todo instante.
- Tornar-se mais focado.
- Sentir-se mais relaxado conforme medita.
- Perceber momentos passageiros quando sua mente se acalma.
- Experimentar breves momentos de quietude e paz.

E este é talvez o maior de todos os paradoxos: se você praticar meditação diligentemente, você pode eventualmente vir a perceber que nunca saiu de casa, nem mesmo por um segundo.

LEMBRE-SE

Tornando-se consciente de sua consciência

Na maior parte do tempo, você provavelmente não presta muita atenção em sua consciência. Mas a verdade é que ela é crucial para tudo o que você faz. Ao fazer todas as tarefas em seu dia a dia, está sempre prestando atenção em algo. Antes de começar a meditar de um jeito formal, pode ser bom tentar explorar sua própria consciência.

Primeiro, perceba como é estar consciente. Existem momentos em sua vida em que você não está consciente de nada? Agora, complete esta frase: "Eu estou consciente de...". Faça isso várias vezes e perceba aonde sua consciência o leva.

Você costuma estar mais consciente de sensações internas ou externas? Presta mais atenção em experiências mentais ou sensoriais? Perceba se a preocupação com uma atividade mental diminui a sua consciência do que está acontecendo aqui neste exato momento. Depois, perceba se ela tende a ser expansiva ou introspectiva. Observe o fluxo da consciência sem tentar alterá-la.

Quanto tempo e como ela se atém a cada objeto? Experimente aumentar e diminuir a velocidade do fluxo de sua consciência e observe a sensação.

Você pode descobrir que sua consciência é levada repetidas vezes a certos tipos de objetos e eventos, mas não a outros. Quais experiências ela parece selecionar?

Agora, tente gentilmente direcionar sua consciência de um foco para outro. Quando prestar atenção em sons, talvez note que, por um instante, esquece de seu desconforto em sua coluna ou joelhos. Tente focar em um objeto de atenção pelo maior tempo que conseguir. Quanto tempo consegue permanecer sem se distrair antes que sua mente pule para a próxima coisa?

Desenvolvendo e Direcionando a Consciência: A Chave para a Meditação

LEMBRE-SE

Se, como diz o velho ditado, a jornada de mil quilômetros começa com o primeiro passo, então a jornada da meditação começa com o desenvolvimento da *consciência* ou da *atenção*. Na verdade, a consciência é o músculo mental que lhe carrega e sustenta em sua jornada, não só no começo, mas em todo passo do caminho. Independentemente do caminho ou técnica que escolher, o segredo da meditação está em desenvolver, focar e direcionar a sua consciência (a atenção é simplesmente a consciência levemente focada e eu uso os dois termos de forma alternada ao longo do livro).

Para ter uma ideia melhor de como a consciência funciona, vejamos outra metáfora da natureza: a luz. Você pode não dar valor à luz e a menos que tenha desenvolvido as habilidades especiais e a sensibilidade elevada de um cego, você mal consegue agir sem ela. Já tentou encontrar algo em um quarto totalmente escuro? O mesmo acontece com a consciência: nem sempre estamos conscientes de que estamos conscientes, mas precisamos dela para desempenhar até mesmo as tarefas mais simples.

Você pode usar a luz de várias maneiras. Pode criar luz ambiente num quarto de forma suave e difusa. Usar um facho de uma lanterna para achar coisas, quando o quarto está escuro. Ou pode pegar a mesma luz e concentrá-la em forma de um raio laser tão poderoso que pode cortar aço ou enviar mensagens para as estrelas.

DICA

Do mesmo modo, em meditação, você pode usar a consciência de formas diferentes. Para começar, você pode aumentar o poder de sua consciência desenvolvendo a **concentração** em um objeto específico.

Daí, quando estabilizar sua concentração, você pode, pela prática de **consciência receptiva**, expandir sua consciência — como a luz ambiente — para iluminar toda a amplitude de sua experiência.

Depois, pode se concentrar ainda mais longe para **cultivar** emoções e estados mentais positivos. Ou você pode usar a consciência para investigar sua experiência interior e **contemplar** a natureza da existência propriamente dita.

Estes quatro fatores — *concentração, consciência receptiva, cultivo* e *contemplação* — constituem as principais funções da consciência em todas as grandes tradições meditativas do mundo.

Aumentando a concentração

Para fazer praticamente qualquer coisa, você precisa focar sua consciência. As pessoas mais criativas e produtivas em todas as profissões — como, por exemplo, grandes atletas, atores, cantores, executivos, cientistas, artistas e escritores — têm habilidade de bloquear distrações e mergulhar completamente em seu trabalho. Se você já viu Tiger Woods bater uma bola de golfe ou Nicole Kidman se transformar na personagem que está interpretando, testemunhou os frutos da *concentração* total.

LEMBRE-SE

Algumas pessoas têm a habilidade inata de se concentrar, mas a maioria de nós precisa praticar para desenvolvê-la. Budistas gostam de comparar a mente a um macaco — constantemente tagarelando, pulando de galho em galho, de assunto em assunto. Você já notou que na maioria das vezes, você tem pouquíssimo controle sobre os caprichos e as divagações de sua mente de macaco, que pode estar longe em dado momento e atormentada logo no próximo? Quando medita, você acalma sua mente tornando-a *totalmente concentrada* em vez de dispersa e distraída.

Em estado de absorção, a noção de ser um "eu" separado desaparece e só o objeto de sua atenção permanece. Seguindo a sua conclusão natural, a prática da meditação pode levá-lo a uma experiência de união com o objeto de sua meditação. Se você gosta de esportes, este objeto poderia ser a sua raquete de tênis ou seu taco de golfe; se é um místico aspirante, o objeto poderia ser Deus ou o *ser* ou o absoluto.

Ainda que você não saiba meditar, com certeza já teve momentos de total absorção, quando a noção de separação desaparece: vendo o sol se pôr, ouvindo música, criando um trabalho artístico, olhando nos olhos da pessoa amada. Quando está completamente envolvido com uma atividade, seja ela trabalho ou lazer, o tempo para e sua autoconsciência desaparece, você entra no que o psicólogo Mihaly Csikszentmihalyi chama de *corrente* (fluxo). Na realidade, Csikszentmihalyi alega que atividades que promovem corrente representam o que a maioria de nós chama de *divertimento*. A corrente pode ser extraordinariamente refrescante, animadora e até profundamente significativa — e isso é o resultado inevitável da concentração contínua.

Abrindo-se para a consciência receptiva

Os grandes sábios da China dizem que todas as coisas possuem a constante interação entre *yin* e *yang* — as forças masculinas e femininas do universo. Bem, se concentração é o yang da meditação (focada, poderosa, penetrante), então a *consciência receptiva* é o yin (aberta, expansiva, convidativa).

Enquanto a concentração é disciplinada, estável e é a base da mente, a consciência receptiva é solta e amplia os limites da mente e cria mais espaço interior, permitindo que você conheça o conteúdo de sua mente. Enquanto a concentração bloqueia distrações ao foco, a consciência receptiva assimila todas as experiências que se apresentam.

A maioria das meditações envolve a interação entre concentração e consciência receptiva, apesar de algumas técnicas mais avançadas ensinarem apenas a prática da consciência receptiva. Basta estar aberto, consciente e aceitar o quer que surja em seu caminho que será "levado pela verdade". A conclusão é que a consciência receptiva lhe leva a separar a sua identidade vinda de suas emoções, pensamentos e as histórias que sua mente conta de sua verdadeira identidade, que é o seu próprio *ser*.

Claro, se você não sabe trabalhar sua atenção, estas orientações são impossíveis de seguir. É por isso que a maioria das tradições prescreve a prática de concentração antes de qualquer coisa. A c*oncentração*, *silenciando* e *fixando* a *mente* (sem dar atenção a sentimentos e pensamentos irrelevantes), garante uma base sólida onde a prática da meditação pode florescer.

Usando contemplação para uma maior percepção

Apesar da concentração e consciência receptiva fornecerem enormes benefícios, é a percepção e a compreensão — de como a mente e as emoções funcionam — que oferecem a libertação dos sofrimentos. E na sua vida cotidiana, é o pensamento criativo — livre dos usuais padrões limitados e repetitivos de pensamento — que oferece a solução aos problemas. É por isso que *contemplação* é o terceiro componente-chave que transforma a meditação, um exercício calmante e relaxante, em um veículo para liberdade e expressão criativa.

Depois de ter desenvolvido sua concentração e expandido sua consciência, você pode usar esta capacidade para explorar seu interior e gradualmente entender e enfraquecer a tendência que sua mente tem de lhe causar sofrimento e estresse. Se é uma pessoa que busca espiritualidade, pode usar esta capacidade para investigar a natureza do seu eu ou para refletir sobre o mistério de Deus e da criação. E se for uma pessoa com interesses mais práticos, pode refletir sobre o próximo passo em sua carreira ou relacionamento ou analisar algum problema aparentemente sem solução em sua vida.

Cultivando estados mentais positivos e de cura

Algumas meditações têm o objetivo de abrir o coração e de desenvolver certas qualidades de afirmação da vida, como compaixão, bondade, tranquilidade, alegria ou perdão. Em um nível mais prático, você pode usar a meditação para cultivar um sistema imunológico saudável, proativo ou para desenvolver equilíbrio e precisão em um determinado esporte. Por exemplo, pode visualizar células T assassinas atacando o seu câncer ou imaginar-se fazendo um mergulho perfeito. Estes tipos de meditação escolhi chamar de *cultivo*.

Enquanto a contemplação visa principalmente examinar a natureza das coisas, o cultivo pode ajudar a transformar sua vida interior, direcionando a concentração desenvolvida para fortalecer estados mentais positivos, saudáveis e enfraquecer aqueles que são mais reativos e autodestrutivos.

Criando Uma Meditação Própria

Desenvolver e direcionar sua consciência podem ser a base, isto é, apenas o começo de uma meditação efetiva. O próximo passo é construir a sua casa tijolo por tijolo, sessão de meditação por sessão de meditação, descobrindo o que funciona e o que não funciona para você, até que sua prática esteja fundamentada e estável. Ou, voltando à metáfora da jornada, a consciência é o músculo que o impulsiona para cima da montanha. Mas você precisa, no seu ritmo, contornar os obstáculos que aparecem pela frente.

Projetando uma prática só sua

Quando começa a desenvolver e direcionar sua consciência na meditação, você se depara com o desafio de juntar todas as partes em uma prática integrada voltada às suas necessidades. Por exemplo, pode ser atraído pelas formas de meditação que enfatizam a concentração focada, sem se preocupar com os estados de consciência alterados. Talvez goste da paz e do relaxamento que sente ao sentar calmamente sem qualquer esforço ou se concentra sem nem se dar conta. Ou pode ter um propósito específico para a meditação, como curar uma doença ou resolver um problema psicológico perturbante e se sentir atraído somente por abordagens que o ajudam a alcançar seus objetivos.

A principal é experimentar todas as diferentes formas de meditação e confiar na sua intuição para que ela lhe diga quais as mais adequadas para você neste determinado ponto de sua jornada montanha acima. Inevitavelmente, yin e yang tendem a equilibrar um ao outro; ou seja, você pode começar pela concentração intensa e acabar com consciência mais relaxada, receptiva — ou iniciar em um modo mais receptivo e aos poucos descobrir a virtude do foco. A jornada de meditação tem as suas próprias lições a ensinar e não importa quais sejam suas intenções, geralmente acabará se deparando com aquelas lições que estava destinado a aprender.

É óbvio que, se pretende manter uma prática regular, que é o único meio de se colher os benefícios da meditação, provavelmente terá que se inspirar em algumas daquelas características que toda iniciativa prolongada requer: motivação, disciplina e compromisso. Apesar de terem uma má reputação nas culturas ocidentais, onde as pessoas geralmente são imediatistas, estas características surgem naturalmente quando se está empenhado e — ouso dizer — apaixonado pelo que está fazendo.

Solucionando os desafios

Conforme a sua meditação se aprofunda e evolui, você pode se deparar com desafios inesperados que não sabe exatamente como lidar. Por exemplo, se fortes emoções como raiva, medo, tristeza ou sofrimento atrapalharem sua meditação e tornarem difícil para você permanecer focado, poderá desenvolver algumas técnicas para superá-las. Ao se deparar com alguns dos obstáculos e distrações mais comuns, como sono, cansaço, inquietação ou dúvida, pode contar com métodos reconhecidos milenarmente para superá-los e poder seguir o seu caminho.

LEMBRE-SE

Atenção Plena: A meditação como estilo de vida

Baseado em anos de experiência e treinamento, descobri que o que os Budistas chamam de *atenção plena* – ou atenção contínua, que combina concentração e consciência receptiva, é uma das técnicas mais simples para os iniciantes aprenderem e também uma das mais adequadas à correria em que vivemos. Afinal, se é como eu, você se interessa principalmente em viver uma vida mais harmoniosa, amorosa, sem estresse e não partir para uma esfera espiritual desligada do corpo e separada das pessoas e dos lugares que ama. Aliás, tudo o que procura está bem aqui, neste exato momento — só precisa limpar a sua mente e abrir os seus olhos, o que é exatamente o que a prática da atenção plena pretende ensinar! Quando você decide prestar atenção na sua experiência em determinados momentos, desperta das divagações e das preocupações que sua mente fabrica e retorna à claridade do presente, onde a vida acontece.

A grande vantagem da atenção plena é poder praticar e prestar atenção onde quer que esteja, a qualquer hora.

Outras Jornadas Que Se Disfarçam de Meditação

Depois de conhecer um pouco sobre meditação, vamos analisar alguns caminhos parecidos com meditação, mas que o levam em uma direção completamente diferente.

É lógico que toda atividade pode se tornar uma meditação se a fizer com consciência e concentração. Por exemplo, pode lavar pratos ou dirigir o carro ou falar no telefone meditativamente.

Mas algumas atividades são confundidas com meditação na cabeça das pessoas, mas têm uma intenção totalmente diferente. Alguns alegam que ler o jornal ou assistir a seu seriado favorito corresponde a meditar — bem, quem sou eu para julgar?

Estas são algumas meditações substitutas que certamente têm seu lugar no repertório de busca do lazer, mas que geralmente não oferecem os benefícios da meditação:

- **Pensar**: no Ocidente, o termo *meditação* refere-se a uma reflexão focada em um tema em particular, como quando você diz "eu vou meditar sobre este problema". Ainda que uma contemplação ou investigação de ordem mais elevada façam parte de algumas técnicas de meditação, isso tem pouco a ver com o processo do pensamento. Além do que, pensar cansa, enquanto meditação descansa.
- **Sonhar acordado:** fantasiar situações oferece seus próprios e exclusivos prazeres e recompensas, incluindo ocasionais soluções de problemas e fuga momentânea de circunstâncias difíceis e tediosas. Mas, em vez de deixá-lo se sentindo mais conectado com o *ser* como a meditação, sonhar acordado, geralmente, o entrelaça ainda mais nos dramas de sua vida.
- **Estar no mundo da lua:** às vezes, estar no mundo da lua envolve um momentâneo vazio na contínua cadeia de pensamentos que inundam sua consciência, uma espécie de vácuo onde nada parece estar acontecendo exceto o próprio *ser*. Este verdadeiro "mundo da lua" é o coração de meditação e pode ser deliberadamente cultivado e expandido. Infelizmente, a maioria das idas à lua não passam de uma outra forma de sonhar acordado.
- **Repetir afirmações**: esta comum prática moderna — uma versão contemporânea do que se costumava chamar *pensamento positivo* — tem em vista fornecer um antídoto para suas crenças negativas, trocando-as por alternativas positivas. Geralmente, entretanto, a negatividade está tão profundamente arraigada que as afirmações só atuam na superfície, nunca nas profundezas, onde as suas principais crenças residem.

- **Auto-hipnose**: relaxando progressivamente seu corpo e imaginando um lugar seguro, protegido, você pode entrar em um estado sugestivo conhecido como *transe leve*. Nele pode ensaiar as próximas atuações, rever eventos passados para conseguir um resultado mais positivo e reprogramar seu cérebro usando afirmações. Embora a auto-hipnose seja diferente de meditação de atenção plena — a principal abordagem ensinada neste livro, enfatiza a atenção contínua ao momento presente — ela é, na verdade, bem parecida com as técnicas de cura e melhora de desempenho oferecidas no Capítulo 14.
- **Rezar:** a oração que invoca Deus por ajuda ou pede alguma coisa, pode ser feita de forma meditativa, mas não é o que venho descrevendo. Porém, a oração contemplativa, também conhecida como *prece* (o anseio da alma peça união com o Divino), é de fato uma forma de contemplação concentrada na qual o foco é Deus.
- **Dormir:** dormir não é meditação — a menos que seja um yogi experiente que medita em seu sono. Pesquisas mostram que as ondas cerebrais geradas durante o sono são significantemente diferentes daquelas geradas durante a meditação. Certamente, meditadores muitas vezes acabam caindo no sono — e daí, como dizia um dos meus professores, durma bem!

Capítulo 2

Por Que Meditar?

Neste Capítulo

- Analisando como a vida falha em atender suas expectativas
- Calculando o preço alto da mudança rápida e constante
- Usando a meditação como um remédio para doenças do século XXI, como estresse, ansiedade e alienação
- Catalogando os muitos benefícios da meditação

Se você é como eu, quer saber o que vai ganhar em troca de seu tempo e energia antes de começar uma atividade. Quero dizer, por que ralar na esteira por uma hora ou bufar e gemer em uma aula de aeróbica se não consegue ter a esperança de emagrecer, reforçar e aumentar seu vigor? Ou por que reservar uma noite por semana para atender a classes de culinária gourmet se não vai acabar fazendo um fettuccine arrasador ou um pato à laranja?

O mesmo se aplica à meditação. Para que gastar dez ou quinze ou mesmo vinte minutos de seu tempo livre todo dia acompanhando sua respiração ou repetindo a mesma frase várias vezes quando poderia estar correndo, fazendo nada na frente da telinha, ou surfando na Rede? Por causa dos incontáveis benefícios, por isso!

Mas antes de ir a fundo nestes benefícios, este capítulo explora alguns dos problemas que a meditação pode resolver. Conhece a velha expressão "se não está quebrado, não conserte"? Bem, a realidade é que muitos de nós achamos que nossas vidas estão "quebradas" de formas bem significativas. Aliás, você comprou este livro por uma ou algumas razões. Agora é a hora de descobrir quais podem ser algumas destas razões.

Como a Vida o Leva – a Meditar

Embora possa relutar em admitir, a vida nem sempre atende suas expectativas. Como resultado, você sofre — de estresse, medo, raiva, dor, ou de qualquer outra emoção desagradável. A meditação o ensina como relacionar circunstâncias difíceis e suas emoções, com equilíbrio e tranquilidade. Mas antes de descrever as soluções positivas que a meditação tem a oferecer — e tenha certeza, existem muitas —, gostaria de levá-lo a um rápido passeio pelos problemas que ela se destina a resolver.

O mito da vida perfeita

Em meus anos como psicoterapeuta e professor de meditação, notei que muitos sofrem porque comparam suas vidas com alguma imagem idealizada de como a vida deve ser. Numa mistura de condicionamentos, esta imagem se esconde nas sombras e se torna o padrão pelo qual todo sucesso ou fracasso, são comparados e julgados. Pare um pouco para conferir a sua.

Talvez tenha passado a sua vida lutando para alcançar o sonho americano — duas crianças, casa no subúrbio, carreira brilhante, o que Zorba, o Grego chamava de "catástrofe total". Afinal de contas, era isso que seus pais tinham (ou não tinham) e você decidiu que deveria ter por você e por eles. Só que agora está se matando em dois empregos para guardar dinheiro para pagar uma prestação, o casamento está desmoronando e se sente culpado por não ter tempo suficiente para passar com seus filhos.

Ou talvez acredite que a felicidade suprema viria para você se pudesse ao menos alcançar a forma perfeita (ou o físico). O problema é que você não consegue aderir a um regime de dieta e exercícios e, quando olha no espelho, parece que vai desmaiar. Ou talvez a ideia do nirvana terrestre seja a relação perfeita. Infelizmente, você está chegando aos 40, ainda não encontrou a pessoa certa e vasculha as redes sociais, secretamente temendo ter alguma doença social terrível. Vive se culpando e pensando se ao menos tivesse ganhado mais dinheiro, passado mais tempo em casa, sido um amante melhor, voltado à escola, perdido aqueles quilos a mais... A lista não tem fim. Não importa como você analisa, simplesmente não está à altura.

Talvez esteja dentro da pequena elite que conseguiu tudo o que desejou. O problema é que um dia você vai se ver entediado e querendo mais — ou vai passar todo o seu tempo de sobra lutando para proteger e controlar tudo o que tem.

Quando as coisas continuam não dando certo

Como isso vai contra tudo aquilo que lhe foi ensinado, você pode ter dificuldade em aceitar a verdade espiritual básica de que temos somente um controle limitado sobre os eventos em nossas vidas. Mas quando a vida dá meia volta e estapeia sua cara, como às vezes ela faz, como você reage? Onde pede socorro e apoio? Como lida com a dor e a confusão? Em que recursos interiores se baseia para o guiar por este território assustador e desconhecido? Observe a seguinte história.

Um dia uma mulher veio até o Buda (o grande professor espiritual que viveu há vários milhares de anos na Índia) com sua criança morta nos braços. Deprimida, ela havia perambulado de lugar em lugar, pedindo às pessoas um remédio que o trouxesse de volta à vida. Como um último recurso, ela perguntou ao Buda se ele poderia ajudá-la. "Sim", disse ele, "mas primeiro você deve me trazer um pouco de semente de mostarda vinda de uma casa em que nunca houve uma morte".

Cheia de esperança, a mulher foi de porta em porta perguntando, mas ninguém podia ajudá-la. Toda casa em que ela entrou já havia testemunhado sua parcela de mortes. Quando ela chegou ao final do vilarejo, despertou para a realidade de que doença e morte são inevitáveis. Depois de enterrar seu filho, ela voltou ao Buda em busca de orientação espiritual. "Só uma lei no universo nunca muda", ele explicou, "que todas as coisas mudam e que todas são temporárias". Ouvindo isso, a mulher se tornou uma discípula e mais tarde, dizem, alcançou a iluminação.

Naturalmente, a vida oferece muito mais do que doença e morte; também nos presenteia com momentos de extraordinário amor, beleza, maravilha e alegria. Mas como a mulher na história, nós no Ocidente tendemos a negar o lado negro da vida. Nós mandamos nossos idosos e moribundos para casas de repouso, ignoramos nossos desabrigados, restringimos nossas minorias empobrecidas a guetos, confinamos nossos doentes mentais e nossos limitados de intelecto em hospitais psiquiátricos, enquanto cobrimos nossos painéis de propaganda e revistas com rostos sorridentes de juventude e prosperidade.

O fato é que a vida é uma interação rica e complexa entre as dualidades. As circunstâncias mudam a todo o momento; uma hora parece estar desmoronando, só para se reerguer na próxima. Como coloca o professor Zen contemporâneo Shunryu Suzuki, tudo está constantemente "perdendo o equilíbrio em contraste com o plano de fundo do perfeito equilíbrio".

A chave para a sua paz de espírito não está em suas circunstâncias, mas sim em como você responde a elas. Como os Budistas dizem, o sofrimento é querer o que você não tem e ter o que você não quer, enquanto a felicidade é exatamente o oposto: gostar do que você tem e não desejar o que não tem. Este conceito não significa que você deve abandonar seus valores, sonhos e aspirações — somente que você precisa equilibrá-los com a habilidade de aceitar as coisas como elas são.

A meditação dá a oportunidade de cultivar a aceitação lhe ensinando a evitar julgamentos e a se abrir a cada experiência sem tentar mudá-la ou se livrar dela. Então, quando as coisas ficam difíceis, poderá usar esta qualidade para acalmar seu ânimo e manter sua paz de espírito.

Lidando com as desagradáveis situações pós-modernas

Certamente, não é nenhuma novidade que as circunstâncias mudam a todo instante, mas nunca na história estas mudanças foram tão predominantes e cruéis — ou afetaram nossas vidas tão profundamente — como nos últimos 10 ou 15 anos. Assistindo ao noticiário noturno ou lendo um jornal, todos retratam um mundo que parece estar desmoronando.

Em um nível mais pessoal, você pode ter perdido seu emprego, terminado um relacionamento, ter sido vítima de um crime violento, ou perdido uma dinheirama em um mercado instável. Ou acorda toda noite preocupado, pensando quando o maremoto de mudanças vai alcançá-lo e levá-lo embora. Isso lhe parece familiar?

Sociólogos chamam este período de Era pós-moderna, em que a mudança constante está se tornando um meio de vida e os valores e as verdades antigas estão rapidamente se desmanchando. Como seguir seu caminho na vida se não sabe mais o que é verdade e nem tem certeza de como descobrir? Procura pela verdade na internet ou busca nos pronunciamentos dos profetas da mídia e dos presidentes das grandes empresas?

Apesar das indiscutíveis vantagens dos aparelhos eletrônicos que se tornaram indispensáveis, você deve ter notado que quanto mais rápido se comunica, menos você realmente se conecta com os outros de uma forma valiosa e significativa. Uma tira cômica reeditada na Newsweek resume isso bem: intitulada "Umas Férias dos Anos 90", ela mostra uma família na praia, cada um usando seu aparelho eletrônico pessoal: a mãe está no telefone, o pai na internet, uma das crianças está pegando um fax, outro atendendo o seu bipe, uma terceira está checando sua mensagem de voz — e estão todos desatentos aos outros!

Abaixo estão alguns dos efeitos colaterais negativos da vida na Era pós-moderna:

- **Ansiedade e estresse:** quando o chão começa a se mexer sob seus pés, sua primeira reação, enquanto tenta recuperar sua estabilidade pode ser ansiedade ou medo. Esta resposta intuitiva foi programada em seus genes devido a milhões de anos vivendo no limite. Hoje, infelizmente, os tremores nunca param e pequenos medos vão se acumulando e se cristalizam em uma tensão e estresse progressivos. Por relaxar seu corpo e reduzir o estresse, a meditação pode oferecer um antídoto valioso.

- **Fragmentação:** hoje, normalmente mandamos nossos filhos para escola ou creche e viajamos longas distâncias até o trabalho, sem tirar os olhos dos nossos celulares. No caminho de casa, podemos dar uma passada em um shopping ou passamos nossas noites surfando na internet. Nós mudamos de empregos e de relacionamentos mais do que nunca e quando nossos filhos crescem geralmente se mudam para outro estado — ou outro país! Embora provavelmente não possamos parar a onda de fragmentação, nós podemos usar a meditação para nos conectarmos de forma mais profunda com o todo, de forma que as circunstâncias externas não conseguem perturbar.

- **Alienação:** quando nossas vidas parecem ser feitas de peças de quebra-cabeças que não se encaixam, não é de se estranhar que acabamos nos sentindo completamente estressados. Apesar das estatísticas que anunciam tempos prósperos, muitas pessoas trabalham em subempregos que pagam as contas, mas falham ao conectá-los a uma noção mais profunda de valor e de propósito. Segundo um artigo da revista *American Demographics*, mais pessoas estão se concentrando em pequenas cidades na tentativa de recuperar uma noção de comunidade e cada vez menos estão votando nas eleições, aparentemente porque eles acreditam que tenham pouco poder para mudar as coisas. Jamais antes, os seres humanos se sentiram tão alienados, não só de seus empregos e seus governos, mas também dos outros, deles mesmos e de sua própria existência básica — e a maioria de nós não tem as habilidades ou o conhecimento para nos reconectar! Pela construção de uma ponte sobre o abismo que nos separa dos outros, a meditação pode ajudar a remediar nossa alienação dos outros e da sociedade como um todo.

- **Solidão e isolamento:** com as pessoas se mudando de um lugar para outro com mais frequência e as famílias se fragmentando e se dispersando pelo mundo, você tem cada vez menos chances de ter um contato regular com as pessoas que conhece e ama — e mesmo se tiver, pode estar muito ocupado para se relacionar de uma forma mutuamente gratificante. Recentemente, ouvi um anúncio no rádio argumentando que já que jantares em família são claramente uma coisa do passado, por que não comprar um Plano de Celular Família — um aparelho individual para a mãe, um para o pai e um para cada filho — para a família poder manter contato! Novamente você pode não ser capaz de evitar as forças que nos separam. Mas pode usar a meditação para transformar todo momento junto em "tempo valoroso".

- **Depressão:** quando as pessoas se sentem sozinhas, alienadas, estressadas e desconectadas de uma fonte mais profunda de significado e propósito, não é surpresa que algumas acabem se sentindo deprimidas. Em uma nação onde Prozac é uma palavra do cotidiano doméstico, milhões de pessoas tomam substâncias químicas alteradoras de humor diariamente para evitar sentir a dor da vida pós-moderna. A meditação pode conectar você com sua própria fonte interior de contentamento e alegria que naturalmente dispersam as nuvens da depressão.

- **Doenças relacionadas ao estresse:** desde dores de cabeça tensionais e indigestão ácida até doenças cardíacas e câncer, o constante aumento de doenças relacionadas ao estresse reflete a nossa incapacidade coletiva de lidar com a instabilidade e fragmentação de nossos tempos — e sustenta uma indústria bilionária de planos de saúde que, às vezes, só mascaram os problemas mais profundos do medo, estresse e desorientação. Como muitos estudos científicos mostram, a prática regular de meditação pode até reverter a evolução de muitos problemas relacionados ao estresse (veja o tópico "Como Sobreviver ao Século XXI — com a Meditação", mais adiante neste capítulo).

Como Sobreviver ao Século XXI – Com Meditação

Agora as boas notícias! Como mencionei previamente neste capítulo, a meditação oferece um reconhecido antídoto, principalmente, contra o estresse. Embora isso não vá resolver os problemas externos de sua vida, ela vai ajudá-lo a desenvolver sua resistência interior e elaborar soluções criativas.

DICA

Para se ter uma noção de como a meditação funciona, imagine por um momento que seu corpo e mente são um computador complexo. Em vez de ser programado para experimentar paz interior, harmonia, tranquilidade e alegria, você foi programado para responder aos inevitáveis altos e baixos da vida com estresse, ansiedade e descontentamento. Mas você tem o poder de mudar a sua programação. Deixando de lado todas as outras atividades, sentando-se quieto e se sintonizando com o momento presente por dez ou quinze minutos por dia, você está desenvolvendo todo um conjunto novo de respostas habituais e se programando para experimentar emoções mais positivas e estados mentais.

É claro, se você acha desagradável pensar em você como um computador, pode imaginar a vida como um oceano, os constantes altos e baixos que experimenta, assim como as ondas que agitam e perturbam a água da superfície. Quando medita, você mergulha abaixo da superfície para um lugar onde a água é mais calma e mais consistente.

Seja qual for a sua metáfora favorita, a questão é que a meditação fornece uma forma de transformar estresse e sofrimento em tranquilidade e calma. Neste tópico, você poderá ver como os praticantes da meditação têm colhido incríveis benefícios da meditação por milênios — e você também pode!

Tecnologia avançada para a mente e o coração

Tradicionalmente, o mundo ocidental enfatizava as realizações externas e o Oriente valorizava o desenvolvimento interior. Os grandes avanços científicos e tecnológicos dos últimos quinhentos anos tiveram suas origens no Ocidente, enquanto yogis e rishis nos monastérios da Ásia cultivavam a arte da meditação. Agora as correntes de todos os cantos estão se combinando para formar uma emergente cultura e economia global. Como resultado, podemos aplicar a "tecnologia" interior aprimorada no Oriente para equilibrar os excessos das rápidas inovações tecnológicas aperfeiçoadas no Ocidente!

Assim como programadores de computador de nível avançado, os grandes mestres da meditação ao longo da história desenvolveram a capacidade de programar seus corpos, mentes e corações para experimentar estados de espírito altamente refinados. Enquanto nós no Ocidente estávamos mapeando os céus e começando a Revolução Industrial, eles estavam registrando alguns feitos bastante notáveis também:

- Reflexões profundas sobre a natureza da mente.
- Estados profundos de absorção extática na qual o meditador e o Divino se fundem.
- A sabedoria de discernir entre a realidade relativa e a dimensão sagrada do ser.
- Inabalável paz interior que circunstâncias externas não podem perturbar.
- O cultivo de estados mentais positivos.
- A habilidade de controlar funções corporais consideradas involuntárias, tais como batimento cardíaco, temperatura do corpo e metabolismo.

- A capacidade de mobilizar e mover energia vital pelos diferentes chacras e canais do corpo visando cura e transformação pessoal.
- Poderes psíquicos especiais, tais como *clarividência* (habilidade de sentir coisas além do alcance da percepção comum) e *telecinesia* (habilidade de mover objetos à distância sem tocá-los).

Os benefícios da meditação para corpo e mente

Embora os primeiros estudos científicos sobre meditação datem dos anos de 1930 e 1940, pesquisas sobre os efeitos psicofisiológicos da meditação decolaram nos anos 1970, impulsionados por um interesse exclusivo na Meditação Transcendental (MT), Zen e outras técnicas de meditação orientais. Desde então, mais de mil estudos foram publicados na Inglaterra, no livro *The Physical and Psychological Effects of Meditation* (*Os Efeitos Físicos e Psicológicos da Meditação* — publicado pela primeira vez em 1988 e revisado e atualizado em 1997), Michael Murphy e Steven Donovan filtraram estes estudos e sintetizaram os dados.

Murphy, autor do best-seller *Golf in the Kingdom (O Reino do Golfe)*, foi pioneiro na exploração do potencial humano desde que cofundou o Instituto Esalen em Big Sur, Califórnia, em 1962. Esalen é reconhecida como a cidade natal do movimento do potencial humano. Donovan, ex-presidente e diretor executivo de Esalen, dirigiu o Estudo de Ações Especiais do Instituto. Baseado nos resultados dos estudos , Murphy e Donovan concluíram os seguintes benefícios da meditação para corpo e mente.

Benefícios fisiológicos:

- Redução dos batimentos cardíacos durante a meditação silenciosa.
- Pressão sanguínea mais baixa em indivíduos normais e moderadamente hipertensos.
- Recuperação mais rápida do estresse.
- Aumento *das ondas alfa* (ondas cerebrais lentas e de alta amplitude, que são relacionadas com relaxamento).
- *Sincronização* aprimorada (ou seja, operação simultânea) dos hemisférios direito e esquerdo do cérebro (que combinam positivamente em criatividade).

Entrando em sintonia com seu corpo

Assim como sr. Duffy no romance de James Joyce *Ulysses*, a maioria de nós "vive a uma pequena distância" de nossos corpos. A seguinte meditação, que tem pontos em comum com yoga e Budismo, ajuda a restabelecer contato com o corpo movendo gentilmente a atenção de um lugar para outro. Por desenvolver a consciência e também relaxar os músculos e órgãos internos, ela serve de uma importante preparação para as práticas de meditação mais formais.

Disponha de pelo menos vinte minutos para executá-la (para orientações completas, ouça a Faixa 3).

1. **Deite-se de barriga para cima em uma superfície confortável — mas não muito confortável, a menos que você deseje cair no sono.**

2. **Por um momento, sinta seu corpo como um todo, incluindo os lugares onde ele faz contato com a superfície da cama ou do chão.**

3. **Traga sua atenção para os dedos do pé.**

   Permita-se sentir toda e qualquer sensação nessa área. Se não sente nada, simplesmente perceba "não sentir nada". Conforme você respira, imagine que você está respirando para dentro e para fora de seus dedos do pé (se isso parecer estranho ou desconfortável, respire como de costume).

4. **Quando terminar com seus dedos, passe para suas solas, calcanhares, os peitos dos pés, tornozelos alternadamente, sentindo cada parte da mesma forma que você sentiu seus dedos do pé.**

   Leve o tempo necessário. A ideia deste exercício não é alcançar nada, nem mesmo relaxamento, mas sim estar o mais integralmente presente possível, onde quer que esteja.

5. **Suba gradualmente pelo seu corpo, fazendo pelo menos três ou quatro respirações em cada parte.**

   Siga esta ordem: porção inferior das pernas, joelhos, coxas, quadris, pélvis, abdômen, costas, peito, ombros. Agora foque nos dedos e na mão, de ambos os lados e então no pescoço e garganta, queixo, maxilar, rosto, nuca e topo da cabeça.

   Quando alcançar o topo da cabeça pode ter a sensação de que os limites entre você e o resto do mundo se tornaram mais fluidos — ou sumiram completamente. Ao mesmo tempo, pode se sentir sereno e tranquilo — livre de sua inquietação ou agitação usual.

6. **Descanse ali por um tempo; então gradualmente traga sua atenção de volta ao corpo como um todo.**
7. **Mexa seus dedos do pé, dedos das mãos, abra seus olhos, balance de um lado para outro e levante-se suavemente.**
8. **Pare por uns instantes para alongar e se readaptar com o mundo à sua volta antes de se levantar e prosseguir com seu dia.**

- Níveis de colesterol reduzidos.
- Diminuição dos níveis de consumo de energia e oxigênio.
- Respiração mais lenta, profunda.
- Relaxamento muscular.
- Redução da intensidade da dor.

Benefícios psicológicos:

- Mais felicidade e paz de espírito.
- Menos reação emocional; menos emoções negativas intensas e alterações dramáticas de humor.
- Elevação da empatia.
- Elevada criatividade e autorrealização.
- Elevada percepção e sensibilidade.
- Reduções na ansiedade tanto aguda quanto crônica.
- Complementa a psicoterapia e outras abordagens no tratamento de vícios.

Alguns Outros Bons Motivos para Meditar

Você não precisa aderir a um culto ou ser batizado ou fazer Bar Mitzvah para aproveitar os benefícios da meditação. E não tem que largar a sua vida cotidiana e correr para um monastério nos Himalaias. Simplesmente tem que praticar sua meditação regularmente sem tentar chegar a lugar algum ou alcançar coisa alguma. Como os juros de uma conta no mercado financeiro, os benefícios crescem sozinhos.

Para despertar para o presente

Quando corre esbaforido de um instante ao outro, antecipando o próximo problema ou desejando o próximo prazer, você deixa passar a beleza e a proximidade do momento, que está constantemente se desvelando diante de seus olhos.

A meditação lhe ensina a ir devagar e aceitar cada momento conforme vão surgindo — o barulho do tráfego, o cheiro de roupas novas, a risada das crianças, o olhar preocupado no rosto de uma velha mulher, o ir e vir de sua respiração. Na verdade, como as tradições meditativas nos lembram, somente o presente existe mesmo — o passado é somente uma memória e o futuro uma fantasia, projetados na tela da mente neste exato momento.

Para fazer amizade consigo mesmo

Quando medita, você aprende a aceitar todas as experiências e ângulos de seu ser sem julgamentos. No processo, começa a se tratar como trataria a um amigo próximo, aceitando (e até amando) o conjunto todo, todas as adversidades, positivas e negativas.

Para se conectar mais profundamente com os outros

À medida que acorda para o presente e abre seu coração e mente para sua própria experiência, naturalmente estende estas qualidades de consciência e presença para seus relacionamentos com família e amigos. Se é como o resto do mundo, costuma projetar seus próprios desejos e expectativas em pessoas próximas, o que funciona como uma barreira à comunicação verdadeira. Mas quando começa a aceitar os outros como são — uma habilidade que pode ser cultivada pela prática da meditação — abre canais para que um amor e uma intimidade mais profundos possam fluir.

Para relaxar o corpo e acalmar a mente

De acordo com pesquisadores da saúde contemporâneos, mente e corpo são inseparáveis e uma mente agitada produz um corpo estressado. Conforme a mente se acalma, relaxa e se abre durante a meditação, seu corpo também o faz — e quanto mais medita, mais essa paz e relaxamento se projetam em todas as áreas de sua vida.

Para ser mais descontraído

Talvez tenha notado que as preocupações e os pensamentos ininterruptos podem gerar uma certa claustrofobia interior, fazendo com que você se sinta sufocado e aterrorizado. A meditação estimula uma extensão mental interior na qual as soluções eficientes podem naturalmente surgir — assim como certo desprendimento que possibilita uma maior objetividade, perspectiva e sim, humor.

Para ter mais felicidade

A pesquisa mostra que a prática diária de meditação por apenas alguns meses pode, de fato, fazer as pessoas mais felizes. Na realidade, meditação parece ser a única coisa que pode permanentemente mudar seu *ponto de equilíbrio emocional* — seu nível básico de felicidade, que os cientistas dizem que permanece o mesmo ao longo de sua vida, não importa o que experimente.

Se quer felicidade duradoura, tanto a ciência avançada quanto a sabedoria espiritual tem o mesmo conselho a oferecer: esqueça de ganhar na loteria ou arrumar o trabalho perfeito — e comece a meditar!

Para experimentar foco e fluxo

Quando está completamente envolvido em uma atividade em que toda a noção de autoconsciência, separação e distração se dissolvem, você entrou no que o psicólogo Mihaly Csikszentmihalyi chama de estado de *fluxo*. Sem dúvida, você experimentou momentos assim — criando um trabalho de arte, praticando um esporte, trabalhando no jardim, fazendo amor. Atletas chamam isso de "A melhor forma". Por meio da meditação, você pode descobrir como ter a mesma atenção focada — e tirar o mesmo proveito — em toda atividade.

Para aumentar seu desempenho no trabalho e outras atividades

Estudos mostram que só com a prática de meditação básica pode-se melhorar a clareza perceptiva, a criatividade e a autorrealização e muitos dos outros fatores que contribuem para uma melhor performance. Além disso, meditações específicas foram desenvolvidas para melhorar o desempenho em diversas atividades, do esporte aos estudos.

Para se alinhar com uma noção de propósito mais profunda

Ao praticar a transição do fazer e pensar para o *ser*, você descobre como se alinhar com uma corrente mais profunda de sentido e integração. Você poderá entrar em contato com sentimentos e aspirações pessoais que por muito tempo permaneceram escondidas de sua consciência percebida. Ou pode-se conectar com uma fonte mais universal de propósito e direção — que alguns chamam de *eu superior* ou *orientação interior.*

Capítulo 3

De Onde Vem a Meditação

Neste capítulo

- Investigando a meditação desde suas raízes na Índia
- Descobrindo que a yoga é mais do que alongamento e respiração
- Conhecendo os segredos sensuais do tantra
- Explorando o renascimento da meditação no Judaísmo e no Cristianismo
- Seguindo a meditação na América do Norte — de Thomas Jefferson a Deepak Chopra
- Investigando o futuro da meditação

Quando você pensa em meditação, imagina um monge asiático ou um yogi usando um pedaço de pano ou uma túnica, sentado com as pernas cruzadas em concentração profunda? Bem, a meditação foi com certeza cultivada nos templos, cavernas e monastérios do Oriente e do Oriente Médio — e felizmente para você e para mim, ela veio para o Ocidente nos últimos cem anos ou mais. Mas a meditação também aparece, apesar de menos visivelmente e de forma um pouco diferente, na tradição judaica/cristã. Você sabia, por exemplo, que muitos dos profetas bíblicos meditavam? E que Jesus já praticou alguma forma de meditação, quando estava refugiado no deserto por quarenta dias?

A meditação já era conhecida por nossos mais antigos ancestrais, que contemplavam maravilhados o céu da noite, agachados atrás dos arbustos por horas esperando pela caça, ou sentados em devaneios ao lado de fogueiras comunitárias, num estilo de vida muito mais ligado ao sagrado.

Embora você possa certamente praticar meditação sem saber de onde ela vem, rastrear o seu desenvolvimento lhe dá contexto histórico e espiritual. Portanto, junte-se a mim para uma breve visão geral sobre a evolução da meditação como uma *prática sagrada* em várias partes do mundo.

A Conexão Indiana

Você pode encontrar as raízes mais profundas da meditação na Índia, onde sadhus (sagrados homens e mulheres errantes) e yogis cultivavam a prática de uma forma ou de outra por mais de 5 mil anos. Atribuído ao clima, que desacelera o passo da vida, ou às monções, que força as pessoas a ficarem mais tempo dentro de casa, a Índia oferecia o solo fértil no qual as artes meditativas floresceram e de onde se espalhou para ambos o Ocidente e Oriente.

As mais antigas escrituras indianas, os *Vedas*, nem sequer têm uma palavra para meditação, mas os sacerdotes védicos apresentavam rituais e canções elaboradas para os Deuses que requeriam grande concentração. Por fim, essas práticas evoluíram para uma forma de meditação, de oração que combinavam o controle da respiração e o foco religioso no Divino.

Dos jardins Védicos e pós-Védicos, a espiritualidade deu origem a três das mais conhecidas tradições meditativas da Índia — o yoga, o Budismo e o tantra — que apresento nos próximos tópicos.

Yoga clássico: O caminho de união feliz

Quando você pensa em yoga, imagina pessoas torcendo e esticando seus corpos e executando posições desafiadoras? Mesmo se você pratica a hatha yoga, talvez você não saiba que tais "posições" são só um componente do tradicional caminho de yoga clássica, que inclui o controle de respiração e meditação. Para saber mais sobre a yoga, confira *Yoga Para Leigos*, de Georg Feuerstein e Larry Payne, publicado pela Alta Books).

O praticante de yoga clássica visa retirar-se do mundo material, que é considerado ilusório e mergulhar em uma realidade sem forma, porém suprema da consciência. Depois de preparar o corpo, a respiração e abstrair os sentidos, o yogi foca em um objeto, tal como o *mantra* (repetição de uma palavra ou frase significativa) ou um símbolo sagrado e, então, na própria consciência. Finalmente, o yogi alcança um estado mental conhecido como *samadhi*, onde não há separação entre o yogi e o todo.

Compilado e codificado por Patañjali (um sábio do século II d.C.), a filosofia e a prática da yoga clássica deram origem a numerosas e, às vezes, competitivas escolas ao longo de séculos. A maioria dos yogis e swamis que ensinaram no Ocidente tem a linhagem ligada à yoga clássica.

Budismo antigo: As raízes da meditação de atenção plena

O histórico Buda foi um príncipe Hindu que, de acordo com relatos tradicionais, renunciou à sua vida luxuosa para encontrar respostas para os mistérios do sofrimento, velhice e morte. Depois de praticar ascese e yoga por muitos anos, ele concluiu que rejeitar o mundo e mortificar a carne não o conduziriam à compreensão que buscava. Em vez disso, ele se sentou embaixo de uma árvore e começou a olhar profundamente dentro de sua própria mente. Após sete dias e sete noites de meditação intensa, ele despertou para a natureza da existência — daí o nome *Buda* ou "O desperto".

Buda ensinava que sofremos porque nos apegamos às falsas crenças de que (a) as coisas são permanentes e podem ser usadas como base para a felicidade e (b) nós temos um *eu* permanente que existe independentemente de outros seres e nos torna quem somos. Ao invés disso, ele pregava que todas as coisas mudam constantemente — nossas mentes, nossas emoções, nossa noção do eu e as circunstâncias e objetos no mundo externo. A abordagem que ele aconselhava envolve exercícios para trabalhar com a mente e diretrizes para viver num mundo de uma forma virtuosa e espiritual. Para conhecer mais sobre os ensinamentos e práticas do Budismo, confira *Budismo Para Leigos*, de Jonathan Landaw e Stephan Bodian, publicado pela Alta Books).

A meditação está no centro da histórica abordagem de Buda. A prática de meditação que ele ensinou, conhecida como *atenção plena*, envolve a atenção vigilante a nossas experiências de momento a momento.

Ao contrário de outros professores, Buda ensinou a importância de se obter uma percepção direta da natureza da existência e de como a mente produz o sofrimento. Ele se comparava a um médico que oferecia remédio para curar as feridas e não a um filósofo que oferece respostas abstratas para questões metafísicas.

Tantra Indiano: Encontrando o sagrado no mundo dos sentidos

Ao contrário de sua comum associação com práticas sexuais, o *tantra* se desenvolveu nos primeiros séculos d.C. como forma principal de prática e pensamento espiritual indiano. Acreditando que a realidade absoluta e o relativo mundo dos sentidos são inseparáveis, os *tântricos* (praticantes de tantra) usam os sentidos — incluindo a prática de sexo ritual — como portais para a realização espiritual. Obviamente, tal abordagem tem suas armadilhas; enquanto o yoga e o budismo direcionam para um desprendimento da vida, o tantra pode ser confundido com prazeres sensoriais.

O Telhado do Mundo – e Além

Antes de deixar de vez a Índia no final do primeiro milênio d.C., o budismo passou por mudanças significativas. Passando dos primeiros ensinamentos (Theravada), onde foi bem difundido no Sri Lanka e no sudeste asiático, chegou ao *Mahayana* ("O grande veículo"), a segunda maior ramificação do budismo, que oferece a possibilidade de iluminação a todos.

Da Índia, monges errantes e estudiosos levaram o Budismo Mahayana através do Himalaia (o "Telhado do mundo") até a China e o Tibete. Lá, ele se misturou com ensinamentos espirituais e nativas, raízes culturais preestabelecidas e se desenvolveu em um número de tradições e escolas diferentes, mais notavelmente a Ch'an (*Zen* em japonês) e o Budismo Vajrayana, que levou a prática da meditação a novas alturas.

Ch'an (Zen): O som de uma mão

Com certeza você já leu sobre mestres Zen que batiam em seus discípulos com uma vara ou berravam sua instruções. O que não deve saber é que o Zen é uma mistura única do Budismo Mahayana (que é de direitos iguais) e a tradição nativa chinesa conhecida como o Taoísmo (que enfatiza a contínua e inseparável natureza da vida, conhecida como Tao). Embora monges indianos tenham começado a levar o Budismo para a China nos primeiros séculos d.C., o Zen não emergiu como uma corrente separada até o sétimo ou oitavo século. O Zen se separou radicalmente do Budismo tradicional por enfatizar uma transmissão do estado de iluminação direta e sem palavras, de mestre para discípulo, dizendo: simplesmente sinta! — às vezes por meio de comportamentos que, para padrões comuns, seriam considerados excêntricos ou até bizarros.

O Zen também introduziu aquelas charadas aparentemente sem solução conhecidas como *koan* — por exemplo, "O que é o som de uma mão?" ou "Como era a sua cara original antes de seus pais nascerem?". Ao mergulhar completamente no koan, o monge conseguia essencialmente ver a natureza da existência — o que os mestres Zen chamam de *satori*.

No Japão, o Zen desenvolveu parte da notória intensidade samurai e deu origem à exigente e pura estética que torna os jardins de pedra e as pinturas com escova, tão típicas da cultura japonesa. Do Japão, claro, o Zen foi para a América do Norte, encontrou-se com a geração Beat dos anos 1950 e criou um espaço para o recente aumento repentino de interesse por meditação.

Budismo Vajrayana: O meio de transformação

Assim como a China (onde o Budismo encontrou o Taoismo), o Tibete tinha sua religião nativa, chamada Bompo, que incluía práticas para apaziguar os espíritos e as divindades locais. Quando o grande mestre indiano Padmasambhava trouxe o Budismo da Índia para o Tibete no sétimo século d.C., ele primeiro teve que vencer os espíritos hostis que se opunham aos seus esforços. Posteriormente, seus opositores foram incorporados ao Budismo Tibetano como protetores e aliados em um panteão elaborado que continha vários Budas e *dakinis* (mulheres despertadas).

Budistas Tibetanos acreditavam que o lendário Buda ensinou simultaneamente em diferentes níveis, dependendo das necessidades e habilidades de seus discípulos. O ensinamento mais avançado, diziam eles, era mantido em segredo por séculos e na verdade somente foi levado ao Tibete como o *Vajrayana* ("A senda diamantina"). Somado com a tradicional meditação de atenção plena, esta abordagem incorporava elementos do tantra indiano e envolvia práticas poderosas para trabalhar com a energia. Em vez de eliminar as emoções e estados mentais negativos como raiva, ganância e medo, como o Budismo tradicional recomenda, o Vajrayana ensina aos praticantes como transformar a negatividade diretamente em sabedoria e compaixão.

A meditação no Budismo Tibetano também usa a *visualização* — o uso ativo da imaginação para invocar potentes forças espirituais que estimulam o processo da relação espiritual.

Do Oriente Médio para o Resto do Ocidente

Embora a meditação nas tradições judaicas, cristãs e islâmicas tenha tido o seu próprio e independente desenvolvimento, meditadores no Oriente Médio podem ter sido influenciados pelas práticas de seus similares na Índia e no Sudeste Asiático (veja o tópico anterior, neste capítulo). Historiadores têm evidências de que comerciantes e peregrinos viajavam entre as duas regiões constantemente e monges Budistas surgiram em Roma nos primeiros momentos do Cristianismo! Existe até o rumor, apoiado por algumas interessantes coincidências históricas, de que Jesus pode ter aprendido a meditar na Índia.

Enquanto os meditadores indianos — seguindo a antiga concepção de que *atma igual a Brahmam* ("Eu e o território do *ser* somos um") — voltavam sua atenção progressivamente para dentro, procurando pelo sagrado nas profundezas de seu próprio ser, os pensadores ocidentais e os teólogos apontavam para um Deus que aparentemente existia fora do indivíduo. Ao mesmo tempo, místicos no ocidente brigavam com o paradoxo de Deus estar ao mesmo tempo dentro e fora e ser — pessoal e transcendente.

A meditação nas religiões ocidentais geralmente assume a forma de *oração* — isto é, comunhão direta com Deus. Mas a oração meditativa dos monges e místicos é diferente da comum, que geralmente engloba reclamações e pedidos. Em oposição, a oração meditativa aproxima de Deus com humildade e devoção, contempla suas qualidades divinas e convida a Sua presença ao coração do meditador. Essencialmente, o objetivo é render o seu *eu* individual à completa união com o Divino.

Meditação Cristã: Praticando a oração contemplativa

O equivalente Cristão da meditação, conhecida como *oração contemplativa*, tem origem na época de Jesus, que orou profundamente no deserto por 40 dias e noites. Na contemplação, diz o Padre Thomas Keating, para quem a "Oração centralizadora" ajudou a revitalizar o interesse na meditação Cristã, você abre a sua consciência e seu coração para Deus, o mistério supremo, que reside nas profundezas de seu ser, além do alcance da mente.

Depois dos tempos de Jesus, os grandes meditadores Cristãos eram os padres do deserto do Egito e da Palestina no terceiro e quarto séculos, que moravam praticamente em isolamento solidão e cultivavam a consciência da presença do Divino por meio da repetição constante de uma palavra sagrada. Seus descendentes diretos, os monges, freiras e místicos da Europa medieval, desenvolveram a prática contemplativa de repetir e refletir sobre uma passagem das escrituras sagradas (não deve ser confundido com pensar a respeito ou analisar!) até que seu significado mais profundo se revelasse para a mente. Ambas as práticas, explica Padre Keating, lembrando das palavras de Jesus, "Ao rezar, vá para seu mais íntimo e profundo ser e tranque a porta".

Na igreja ortodoxa da Grécia e do Leste Europeu, monges há muito tempo já usavam uma prática similar combinando *prostrações* (reverências com o corpo inteiro) com a repetição da oração de Jesus ("Senhor Jesus Cristo tendes piedade de mim, um pecador) até que todas as práticas desapareceram aos poucos para revelar um profundo silêncio interior repleto de amor e glória.

Nos últimos anos, muitos sacerdotes e monges Cristãos foram influenciados por professores Hindus e Budistas que surgiram no Ocidente em números crescentes. Em resposta, alguns adaptaram as práticas orientais às necessidades do público Cristão. Outros, como Padre Keating, aprofundaram-se em suas próprias raízes contemplativas e ressuscitaram práticas que haviam perdido força com o desuso.

A meditação no Judaísmo: Chegando mais perto de Deus

De acordo com Rami Shapiro, rabino do Templo Beth Or em Miami, Flórida, e autor de *Wisdom of the Jewish Sages (Sabedoria dos Sábios Judeus),* interpretadores místicos da Bíblia encontraram evidências de meditação nos tempos de Abraão, o fundador do Judaísmo. Os profetas do velho testamento aparentemente entravam em estados alterados de consciência por meio de jejum e práticas céticas, os místicos nos primeiros séculos d.C. meditavam em uma visão do profeta Ezequiel.

A oração centralizadora

Desenvolvida nas últimas décadas pelo Padre Thomas Keating, padre católico, e baseada nas tradicionais fontes Cristãs, a *oração centralizadora* é uma prática contemplativa que abre a mente e o coração para a presença Divina. Diferente de um mantra, que é projetado para clarear e acalmar a mente, a meditação centralizadora purifica o coração para ele se tornar um veículo para a graça transformadora de Deus. Em vez de repeti-la várias vezes como o mantra, você a mantêm em sua consciência como um objeto de contemplação.

Estas são as instruções para praticar a oração centralizadora, como passadas pelo Padre Keating (cujas citações aparecem entre aspas):

1. **Escolha uma "Palavra ou símbolo sagrado da sua intenção para consentir a presença e a ação de Deus".**

2. **Acomode-se confortavelmente e silenciosamente introduza a palavra sagrada.**

   Quando sua atenção se desviar, traga-a de volta gentilmente.

3. **Continue com a mesma palavra durante o período de contemplação.**

   Algumas pessoas podem preferir se "voltar internamente para Deus, como se o estivessem contemplando", sem palavras. Todavia, as mesmas orientações se aplicam. Quando nos abrimos para Deus, diz Padre Keating, percebemos que Deus está "mais perto do que a própria respiração, do que o pensamento, do que a escolha – mais perto do que a própria consciência".

Mas a primeira meditação Judaica formal, diz Shapiro, concentrou-se no alfabeto hebraico, que era considerado a linguagem divina através da qual Deus criou o mundo. "Se você pudesse examinar o alfabeto a fundo", explica Shapiro, "você poderia investigar a fonte da criação e com isso se tornar um só com o próprio Criador".

Como praticantes de todas as religiões centralizadas em Deus, meditadores Judeus tradicionalmente usavam frases ou versos sagrados de escrituras como forma de mantras para levá-los mais perto de Deus. Como costumava dizer um grande mestre Chassídico sobre a frase *r'bono shel olam* ("mestre do universo"), se apenas repetir isso, continuamente, você alcançará a união com Deus. E é exatamente esta união que a meditação Judaica pretende induzir.

Assim como o Cristianismo, o Judaísmo também foi inspirado por influências orientais nos anos mais recentes para reviver suas próprias tradições meditativas. Rabinos como Shapiro (que pratica a meditação Zen) estão criando uma renascença meditativa Judaica com a formação de uma nova síntese de técnicas antigas do Oriente e do Ocidente.

A meditação entre os Sufis: Entregando-se ao Divino com todo o coração

Desde os tempos do profeta Maomé no sétimo século d.C., os Sufis usavam os trajes do Islã. Mas, de acordo com o professor Sufi nascido na América Shabda Kahn, suas origens são muito mais antigas, mais do que Maomé ou Buda ou outros professores famosos, de volta ao tempo da primeira pessoa desperta. Os Sufis alegam que existe uma sociedade de exploradores místicos, cujo único propósito é alcançar o Divino em seus próprios corações. As formas de Sufismo variaram de século para século e de professor para professor e de uma localização geográfica para outra, mas o ensinamento básico é o mesmo: não há nada além de Deus.

A meditação no Sufismo geralmente consiste em entonar uma frase sagrada, em silêncio ou em voz alta, respirando profundamente e de forma rítmica — prática conhecida como *zikr*, "Lembrança do Divino". Kahn explica que os Sufis retraduzem a benção bíblica de "Abençoados são os pobres de espírito" para "Abençoados são aqueles que têm uma respiração aperfeiçoada". Quando o Sufi cultiva e aperfeiçoa a respiração, ele ou ela pode usar isso como um método para se entregar à presença divina a todo o momento — a cada respiração.

A Americanização da Meditação

Se voltarmos à contracultura dos anos 1960 e 1970 para encontrarmos as primeiras sementes da meditação em solo americano, você ficará surpreso ao descobrir que as raízes vão bem mais além. Alguns dos primeiros colonizadores difundiram as ideias orientais ao fugirem para suas colônias, em busca de de libertação de suas formas de Cristianismo em particular. E muitos dos criadores da Declaração da Independência e da Constituição Norte-Americana — homens como Thomas Jefferson e Benjamin Franklin — pertenciam a fraternidades sagradas fundamentadas pelos ensinamentos do Sufismo e do Judaísmo.

Contemplando as estrelas

Em seu livro *Jewish Meditation* (*Meditação Judaica*), o rabino Aryeh Kaplan descreve a tradicional técnica baseada no verso bíblico "Ergam os olhos e olhem para as alturas. Quem criou tudo isso? Aquele que põe em marcha cada estrela do seu exército celestial, e a todas chama pelo nome..." (Isaías 40:26):

1. **Em uma noite clara, sente-se confortavelmente ao ar livre, contemplando as estrelas.**
2. **Enquanto você repete um mantra, foque sua atenção nas estrelas como se estivesse sondando-as para desvendar o mistério por trás delas.**

   Você pode usar o tradicional mantra Judaico *r'bono shel olam* para ajudá-lo a melhorar sua concentração e sua percepção do sagrado. Ou fique à vontade para usar um mantra de sua própria escolha.

   Como diz o rabino Kaplan, você está "Chamando por Deus nas profundezas do céu, procurando encontrá-lo além das estrelas, além dos limites de tempo e espaço".
3. **Permaneça absorvido em sua contemplação por quanto tempo desejar.**

De acordo com o rabino Kaplan, esta meditação "Pode levar a pessoa a uma profunda e avassaladora experiência espiritual".

Na direção do Único

Para se preparar para práticas meditativas mais avançadas, os Sufis, geralmente, começam com o *daroo* — a recitação de uma frase sagrada coordenada com respiração. O mestre Sufi nascido na América Samuel Lewis, que morreu em 1971, ensinou os seguintes exercícios:

1. **Comece a andar de forma rítmica e sincronize a sua respiração com seu passo — quatro passos para cada inspiração e quatro passos para cada respiração.**
2. **Conforme você anda, repita a frase "Na direção do único" – uma sílaba por passo, com um espaço em silêncio no quarto passo.**

   Andar desenvolve e fortalece o ritmo da respiração.
3. **Continue pelo tempo que quiser, com absoluta concentração.**

"O Sufi exercita a prática da respiração 24 horas por dia", diz Shabda Kahn, um professor Sufi que estudou com Lewis.

Transcendentalismo e Teosofia (1840–1900)

A primeira grande corrente de ensinamentos orientais começou nos anos de 1840 e 1850, quando Transcendentalistas como Emerson e Thoreau leram as escrituras Hindus, traduzidas para o inglês das adaptações alemãs do Sânscrito! Enquanto Thoreau, cujas ideias de desobediência civil foram influenciadas pela filosofia oriental, fez um retiro em Walden Pont para meditar na natureza, seu bom amigo Emerson misturava o idealismo alemão, o otimismo americano e a espiritualidade indiana para formular a sua versão de crença Transcendentalista. No processo, ele transformou o *Brahmam* Hindu (o território Divino do *ser*) em uma concepção mais universal que ele chamava de Mente Suprema.

Mais tarde no século, os Teósofos — membros de um amplo movimento ocidental, liderados por uma russa chamada Madame Blavatsky, que adaptou e popularizou ensinamentos espirituais indianos — disponibilizou textos de meditação Hindus para o leitor comum e os seguidores do movimento Novo Pensar praticavam visualizações guiadas e meditações de mantra adaptadas das origens orientais.

Mas o evento marco da meditação do século XIX acabou sendo o Parlamento Mundial das Religiões, um encontro internacional de líderes e professores religiosos que aconteceu em Chicago em 1893. Pela primeira vez, mestres asiáticos apresentaram seus ensinamentos diretamente aos ocidentais em solo americano. Após a conferência, vários mestres (incluindo o sábio Swami Indiano Vivekananda e o professor Zen japonês Soyen Shaku) viajaram pelos Estados Unidos palestrando aos públicos interessados.

Yoga e Zen preparam o solo (1900–1960)

Nas décadas que sucederam o parlamento mundial, o monge Zen Nyogen Senzaki continuou o trabalho de Soyen Shaku, semeando as sementes da meditação no Novo Mundo e Swami Paramananda, discípulo do Swami Vivekananda, estabeleceu os centros nos quais americanos curiosos poderiam praticar a meditação e ouvir os sofisticados ensinamentos e espirituais indianos. A Sociedade Vedanta, que se formou ao redor do trabalho dos swamis Vivekananda e Paramananda e seus discípulos, continua a prosperar nos EUA e na Europa. Nos anos de 1920, o yogi indiano Paramahansa Yogananda estabeleceu-se nos EUA e seu trabalho gradativamente deu origem a Sociedade da Autorrealização (Self-Realization Fellowship), que hoje tem seguidores em todo o mundo Ocidental.

Talvez o orientador espiritual mais conhecido surgido nesse período tenha sido J. Krishnamurti, que se estabeleceu na Califórnia do sul nos anos 1940 e atraiu os escritores ingleses Aldous Huxley e Christopher Isherwood. Embora Krishnamurti (que foi preparado desde a infância por Teósofos para ser um professor mundial) evitasse a meditação formal e os dogmas religiosos em favor do diálogo e da autobusca, Huxley e Isherwood ajudaram a popularizar as grandes escrituras Hindus.

Pelos anos 1950, o Zen começou a influenciar significantemente a contracultura americana. Enquanto o poeta Gary Snyder (que mais tarde ganhou o Prêmio Pulitzer por seu livro *Turtle Island* (*Ilha da Tartaruga*) estudava Zen no Japão, seu amigo e colega Beat Jack Kerouac escrevia romances que popularizavam conceitos Budistas como *dharma*, *karma* e *satori*. Também nos anos 1950, o grande estudioso japonês T. Suzuki começou a ensinar Zen na universidade de Columbia em Nova York, onde suas audiências incluíam o jovem Thomas Merton, romancista J.D. Salinger, o compositor John Cage e os psicanalistas Erich Fromm e Karen Horney. Aproximadamente na mesma época, os livros do ex-padre Episcopal e fanático por

Zen, Alan Watts — dentre eles *The Way Of Zen (O Caminho Zen)* e *Psychoterapy East and West* (*Psicoterapia Oriental e Ocidental*) — foram sucesso de vendas.

LEMBRE-SE

Espiritualidade ou religião?

Pesquisas apresentadas pela *Newsweek* mostram que cada vez mais americanos se consideram espirituais, mas não necessariamente religiosos. Você pode ser um dos muitos que renunciaram às crenças de infância, mas sentem-se atraídos pelas questões e práticas espirituais. Pode achar que a religião organizada é muito limitada pelos rituais e sistemas de crenças, muito focada em símbolos e histórias arcaicas e pouco preocupada com o auxílio na busca da experiência espiritual direta.

As religiões tiveram início com um impulso espiritual vital — observe as vidas de Jesus, Maomé ou Buda —, mas com o passar dos séculos se tornaram rígidas, como uma árvore velha e perdem o contato com a essência espiritual da vida. A espiritualidade genuína acaba sempre ressurgindo nas religiões, porém, na forma de uma influência esotérica oculta.

Se você procura uma noção de significado e integração advinda visão da vida em um contexto metafísico e histórico mais amplo a religião convencional pode ser o que você procura. Mas se você quer despertar para o sentido da vida e buscar a transformação interior proporcionada pela prática da meditação ou outra disciplina espiritual, é melhor ficar longe das influências ocultas e esotéricas presentes nas religiões predominantes — ou simplesmente seguir uma prática meditativa que ofereça a possibilidade de experiência espiritual direta, mas que não tenha afiliação com religião tradicional. Para saber mais sobre práticas espirituais, veja o Capítulo 13.

A meditação chega a classe média (1960 até os dias de hoje)

Nos anos 1960, um único conjunto de eventos preparou o palco para a corrente predominante de meditação. A geração nascida no pós-Guerra, que estava então alcançando a vida adulta, começou a experimentar estados alterados de consciência com o uso das chamadas drogas de expansão da mente, como a maconha e o LSD.

Ao mesmo tempo, a guerra no Vietnã causou uma reação nacional adversa em um considerável segmento da população e ajudou a formar a contracultura de oposição, de várias formas, ao status quo. Músicas populares alimentavam as fogueiras do descontentamento e exaltavam os benefícios do "sintonize-se, ligue-se e caia fora" — palavras que em outros tempos, lugares e contextos poderiam ser referidas à renúncia do mundo em favor da vida de monge. E agitações políticas na Ásia (ondas de choque do Vietnã e da tomada do Tibete pelos chineses) combinadas com o espírito da época de trazer uma nova onda de professores espirituais para o Novo Mundo.

Do ponto de vista da meditação, talvez o marco desta Era tenha sido a conversão dos Beatles às práticas da Meditação Transcendental (MT), que fez com que milhares de jovens fãs começassem a meditar também. Alguns até se retiraram em comunidades de yoga e centros Zen construídos por seus novos professores.

Nos anos 1970, uma nova geração, com uma nova compreensão para traduzir os ensinamentos para seus irmãos e irmãs, surgiu no Ocidente como professores licenciados nas disciplinas espirituais orientais. Como previu Alan Watts (em seu livro *Psicoterapia Oriental e Ocidental*), o ramo da psicoterapia foi especificamente receptivo às influências orientais — talvez porque a psicoterapia, assim como a meditação, tem o objetivo de oferecer uma solução para o sofrimento.

O Futuro da Meditação

Agora que a meditação se tornou tão popular no Ocidente, você pode ficar imaginando como sua influência irá se expandir e evoluir nas décadas por vir. Desnecessário dizer que ninguém sabe ao certo, mas eu ficaria feliz em oferecer algumas especulações estudadas, baseadas em recentes desenvolvimentos e pesquisas modernas.

LEMBRE-SE

A meditação do Nativo Americano

Quando descrevo a "Americanização" da meditação, estou revelando minha tendência cultural. Claramente, os nativos americanos já meditam por dezenas de milhares de anos. Além dos xamãs, que têm um papel especial na vida da tribo (veja o box "Xamãs: Os primeiros grandes meditadores"), garotos e garotas nativos americanos, normalmente, marcam a transição da infância para a vida adulta passando três ou quatro dias meditando em um lugar sagrado. Jejuando, rezando, focando suas mentes e abrindo os seus sentidos, eles incitam sonhos ou visões que lhes trazem sabedoria ou poder especial que os ajuda a entrar em contato com seus espíritos guardiões. Adultos, nativos americanos também podem meditar sozinhos na natureza quando precisam de apoio espiritual ou respostas para perguntas importantes da vida. Fora isso, a prática periódica da atenção plena sempre foi um ingrediente essencial da vida tradicional do nativo americano.

Tome estas duas meditações e me ligue amanhã de manhã

Cada vez mais os médicos podem prescrever a prática da meditação regular, juntamente com a insulina, betabloqueadores e remédios para pressão, para pacientes com doenças sérias como diabetes, doenças cardíacas e hipertensão. De fato, muitos médicos já o fazem! Se a pesquisa sobre os benefícios da meditação continuar a produzir resultados convincentes, as organizações de saúde e outras organizações médicas podem chegar a exigir que médicos incluam a meditação como prática padrão para certos problemas de saúde.

Repreendendo o Prozac

A meditação de atenção plena não tem efeitos colaterais nocivos e constantemente eleva o humor daqueles que a praticam por apenas três meses. Então, por que os psiquiatras não a prescrevem primeiramente aos seus pacientes deprimidos ou ansiosos, antes das perigosas drogas alteradoras da mente? Não faço a menor ideia! Em poucos anos, porém, mais e mais psiquiatras podem estar aconselhando seus pacientes a acompanherem a respiração, juntamente com a medicação — e o livro que você tem em mãos pode encontrar seu merecido lugar nas estantes dos psiquiatras, ao lado do *Manual de Diagnóstico e Estatística de Distúrbios Mentais*!

Quanto mais você medita, menos você paga

O trabalho de Dean Ornish e outros pesquisadores levou alguns planos de saúde a reembolsarem os programas de combate à tensão e alguns hospitais a criarem os seus próprios programas. Da mesma forma, a crescente evidência de que os benefícios da meditação para a saúde pode levar a uma redução nos preços dos seguros de saúde para aqueles que meditam regularmente — e fazer com que todos os hospitais e clínicas ofereçam aulas de meditação. Talvez você até seja reembolsado por retiros de meditação.

Brincando com a gravidade

1. Sente-se em uma cadeira e tome consciência do modo como a gravidade age sobre seu corpo.

2. Perceba o peso de suas pernas e quadris contra a cadeira.

3. Levante-se e observe como a gravidade o puxa para a Terra.

4. Comece a andar e, a cada passo, preste atenção na força da gravidade contra seus pés.

5. Olhe à sua volta e pense como todos os objetos estão seguros em seus lugares pela gravidade — e como você se move através de um campo de gravidade, como um peixe nadando dentro da água.

Esta força misteriosa está em todo lugar, apesar de você não poder vê-la ou compreendê-la.

6. Permaneça consciente deste campo invisível, mas poderoso, conforme você segue com seu dia.

Capítulo 4

Criando a Fundação: Motivação, Atitude e a Mente de Principiante

Neste Capítulo

- Reconhecendo e mantendo a mente de principiante
- Descobrindo o que lhe motiva a meditar
- Aprofundando sua meditação pelo cultivo de uma atitude

Como prática efetiva para reprogramar sua mente e abrir seu coração, não há nada como a meditação. Mas, tradicionalmente, a meditação nunca está sozinha — está sempre acompanhada por um aumento na motivação e na atitude (ou seja, nas qualidades da mente que alimentam as chamas da meditação e mantêm você ali quando as coisas ficam difíceis). Você precisa olhar intensamente para dentro de sua mente e coração para esclarecer as razões que o motivam a meditar. Assim, poderá recorrer a esta motivação quando a prática se tornar tediosa e rotineira — o que inevitavelmente vai acontecer.

Meu sobrinho adolescente aspira a se tornar um jogador de beisebol profissional. Apesar das probabilidades, talvez ele consiga — ele é canhoto, tem 1,83 m de altura, arremessa a bola com muita velocidade e tem uma ética de trabalho de um campeão. Recentemente, ele me pediu para lhe ensinar a meditar, para que ele possa arremessar com mais equilíbrio e serenidade. Tenho também um primo, de trinta e poucos anos, com MBA em Harvard, que trabalha em uma prestigiosa firma de investimentos na costa leste. Quando nos falamos ao telefone outro dia, ele quis saber se a meditação poderia ajudar a aliviar o constante estresse que acompanha seu trabalho. Uma amiga próxima, com seus 50 anos, recentemente diagnosticada com câncer de mama, quer aprender a meditar para conseguir lidar com seu medo e promover a sua cura. E uma de minhas pacientes de terapia pediu por instruções de meditação para lhe ajudar a acalmar sua mente para que possa ter uma visão mais clara de seus recorrentes padrões de pensamento e ação que perturbam sua vida e a tornam infeliz.

Você pode ser levado a meditar pela dor, sofrimento ou por uma situação de desespero, ou pode simplesmente não estar satisfeito com a qualidade de sua vida — o nível de estresse, a falta de diversão, a velocidade e intensidade. Seja qual for a sua história, você precisa estar suficientemente motivado para o esforço de mudar a sua rotina, ir mais devagar e voltar a sua atenção para seu interior por quinze ou vinte minutos todo dia. Neste capítulo, você tem a oportunidade de se confrontar seu tipo específico de descontentamento — e de cultivar a motivação que o manterá meditando, semana após semana.

Começando (e Terminando) com a Mente de Principiante

Em última análise, os grandes professores de meditação aconselham que a melhor atitude a se usar com a meditação é uma mente aberta, completamente livre de todos os preconceitos e expectativas. Um dos meus primeiros professores de meditação, mestre Zen Shunryu Suzuki, chama isso de *mente de principiante* — e ele aconselha que o objetivo da meditação não é acumular conhecimento, aprender algo novo ou alcançar um estado mental especial, mas simplesmente manter essa perspectiva pura e desanuviada.

"Se sua mente está vazia, está sempre pronta para qualquer coisa", escreveu ele em seu livro *Mente Zen, Mente de Principiante*. O essencial é que não importa qual técnica de meditação escolher, tente praticá-la com o espírito aberto, inocente, "desinformado" da mente de principiante. De certa maneira, a mente de principiante é a *falta de atitude* latente em todas as atitudes, a *falta de técnica* no centro de todas as técnicas de sucesso.

Estas são as características da mente de principiante:

- **Abertura para tudo que aparecer:** quando aceita a sua experiência na meditação sem tentar mudá-la, você se alinha ao *ser* propriamente dito, que engloba tudo — claro e escuro, bom e mau, vida e morte — sem preferências.
- **Livre de expectativas:** quando utiliza a mente de principiante, percebe cada momento com olhos e ouvidos puros. Em vez de meditar para alcançar uma meta futura, você se senta com a confiança de que a consciência aberta e pronta que traz já contém essencialmente todas as qualidades que procura, como o amor, a paz, a felicidade, a compaixão, a sabedoria e a igualdade.
- **A mente ampla e espontânea:** alguns professores comparam a mente de principiante ao céu — embora as nuvens possam ir e vir, a extensão ilimitada do céu nunca é prejudicada ou reduzida por elas. Quanto à espontaneidade, Jesus a sintetizou quando disse, "Você deve ser como as crianças para entrar no reino do céu". Estando livre de expectativas e aberto a tudo o que aparecer, você naturalmente reage às situações de forma espontânea.
- **Consciência primordial, original:** um famoso *koan* (charada provocativa) Zen diz o seguinte: "Qual era a sua face original antes de seus pais nascerem?" Este koan mostra a inexplicável e primordial característica da mente, que precede a sua personalidade e até mesmo seu corpo físico. Talvez, a mente de principiante devesse ser chamada de *mente sem início*!

Olhando profundamente para seu próprio coração

Sente-se em silêncio, respire fundo algumas vezes e reserve um tempo para procurar dentro de seu próprio coração e de sua mente as respostas para estas perguntas:

- O que me leva a praticar meditação?
- O que me motiva a meditar?
- O que eu espero alcançar?
- O que eu espero aprender?
- Despreze os primeiros pensamentos que vierem à mente, olhe mais fundo e faça a pergunta, "Qual é o descontentamento ou o sofrimento que me leva à isso?"
- Eu quero reduzir o estresse e acalmar a minha mente?
- Eu quero ser mais feliz e me aceitar mais?
- Eu procuro respostas para questões mais profundas e existenciais da vida como "Quem sou eu?" ou "Qual é o sentido da vida?"

Talvez você até esteja sintonizado com o sofrimento dos outros e queira ajudá-los antes mesmo de ajudar a si mesmo. Ou talvez, só queira melhorar o seu desempenho no trabalho ou dar mais atenção e amor para sua família. Seja qual for a resposta que obtiver, simplesmente a escreva, sem julgamentos, e a consulte sempre que precisar de ajuda para manter a motivação e permita que ela mude e se intensifique com o tempo.

Como Viver em Harmonia com sua Meditação

Toda as tradições espirituais enfatizam alguma espécie de conduta correta — que não é necessariamente baseada nas rígidas noções de certo e errado. Quando suas ações não batem com seus motivos para meditar — por exemplo, quando está meditando para reduzir o estresse, mas suas ações intensificam o conflito —, os objetivos de sua vida cotidiana podem estar entrando em conflito com o tempo que passa em sua almofada. Quanto mais medita, mais sensível você se torna para a forma como algumas atividades ajudam ou até melhoram sua meditação — e outras perturbam ou desestimulam.

É claro, existe um sistema de correlação infinita entre a meditação e a vida cotidiana: a forma que você vive afeta a forma com que medita e a forma com que medita afeta a forma que você vive.

DICA

Com isso em mente, estas são dez diretrizes básicas para viver em harmonia com o espírito da meditação:

- **Tenha consciência da relação de causa e efeito.** Observe como suas ações influenciam o estado mental do próximo e o seu próprio. Quando você sente raiva ou ataca por medo, observe como os efeitos podem ser sentidos por horas ou até dias. Faça o mesmo com as ações que expressam bondade e compaixão. Como diz a Bíblia: "Você colhe o que planta".
- **Reflita sobre a inconstância e a preciosidade da vida.** Refletindo sobre como é especial ser humano em tempos onde confortos físicos são relativamente abundantes e a prática da meditação e outros métodos para reduzir o estresse e aliviar o sofrimento são tão disponíveis, você pode se sentir mais motivado a aproveitar as oportunidades que tem.
- **Reconheça as limitações do sucesso material.** Repare nas pessoas que conhece que alcançaram o sucesso material que você tanto deseja. Elas estão realmente mais felizes do que você? Elas têm mais amor em suas vidas ou mais paz de espírito? Por meio da meditação, você pode alcançar um nível de sucesso interior baseado na alegria e na tranquilidade em vez de em ganhos materiais.
- **Pratique o desprendimento.** Este clássico conselho Budista pode parecer à primeira vista uma tarefa impossível. Mas a ideia não é ser indiferente ou se desligar do mundo, mas sim perceber como o apego ao resultado de suas ações afeta a sua meditação — e sua paz de espírito. Como seria agir com todo o coração, com as melhores intenções e então se soltar de sua luta para conseguir que as coisas sejam de determinada maneira?

- **Cultive a paciência e a perseverança.** No mínimo, a prática da meditação requer a vontade de persistir, mas a verdade é que você vai colher os melhores frutos se praticar regularmente, dia após dia. Além do mais, as qualidades da paciência e da perseverança caem muito bem na vida em geral.
- **Simplifique sua vida.** Quanto mais cheia e complicada for a sua vida, mais agitada será sua mente quando você meditar. Se você parar de correr e prestar atenção, talvez ouça a voz de sua própria sabedoria interior.
- **Viva com honestidade e integridade.** A meditação funciona como um espelho e o que vê pode motivá-lo a alcançar mais do seu potencial positivo, portanto, nunca minta para você mesmo, pois durante a meditação sua consciência virá à tona.
- **Enfrente as situações com a coragem de um guerreiro.** Diferente daqueles dos campos de batalha, os "guerreiros da meditação" cultivam a coragem de abandonar sua agressividade e atitude defensiva, enfrentar seus medos e abrir seus corações — para eles mesmos e para os outros. É mais fácil dizer do que fazer, você pode falar, mas a meditação lhe ensinará como — e para isso precisa estar disposto a praticar estes preceitos nas situações do dia a dia. Assim, todo momento se torna uma oportunidade para prática.
- **Confie na tecnologia da meditação — e em si próprio.** Lembrar de que as pessoas vêm meditando com êxito por milhares de anos é uma ajuda — muito antes de eles usarem, digamos, laptops ou internet. Além do que, estamos falando de uma tecnologia simples, algo que qualquer pessoa pode fazer — como respirar ou prestar atenção. Basta confiar na tecnologia, seguir as instruções — e se desprender dos resultados.
- **Dedique a sua prática ao benefício dos outros.** Os Tibetanos chamam essa dedicação de *bodhichitta* ("coração desperto") e a consideram essencial para que a meditação seja capaz de mudar a vida e não simplesmente para efeito de aparência. Estudos sobre o impacto da oração de cura, citada em *Healing Words: The Power of Prayer and the Practice of Medicine (Palavras que Curam: O Poder da Oração e a Medicina)*, de Larry Dossey, Dr., mostram que as orações que pedem por resultados específicos são bem menos efetivas do que as que pedem para o bem de todos. Em outras palavras, você recebe tanto amor quanto dá!

Capítulo 5

Como Sua Mente o Estressa e o Que Você Pode Fazer Sobre Isto

Neste Capítulo

- Mergulhando em seus pensamentos e sentimentos
- Conhecendo os vários meios pelos quais sua mente causa estresse
- Usando a concentração para acalmar a sua mente
- Libertando-se do estresse por meio da liberação espontânea
- Rompendo seus obstáculos com a introspecção

Por milhares de anos, cultos e sábios do Ocidente e o Oriente vêm nos dizendo que nossos problemas são criados em nossas mentes. Então, você não se surpreenderia se eu me juntasse ao coro de vozes e concordasse. Sim, eles estão certos: sua mente sozinha "Pode tornar o céu num inferno e o inferno num céu" (como coloca o poeta inglês John Milton). Mas, como você deve estar imaginando, como este astuto clichê pode ajudar quando não sabe o que fazer? "Claro, o problema está em minha mente", você diz, "Mas eu não posso removê-la cirurgicamente".

Comece se familiarizando com o funcionamento de sua mente. Como pode ter notado, ela é uma variedade um tanto complexa de pensamentos, ideias, histórias, preferências e emoções. Sem um diagrama, isso pode ser tão difícil quanto manusear o emaranhado de fios e mangueiras debaixo do capô do seu carro.

Quando você tem um conhecimento prático de como a sua mente é estruturada, pode começar a perceber como aqueles pensamentos e sentimentos distorcem a sua experiência e impedem que você alcance a felicidade, o relaxamento, a afetividade ou a cura que procura. Em seguida, pode descobrir como a meditação pode lhe ensinar a mudar tudo isso, focando e acalmando sua mente e mais além, investigando mais intensamente e desatando as histórias e padrões habituais que continuam causando sofrimento e estresse. Quem sabe? Talvez você não precise de uma lobotomia afinal de contas!

Fazendo uma Excursão ao Seu Ser Interior

Por ser um ávido caminhante e nadador, gosto de usar metáforas da natureza, que na verdade se aplicam muito bem para a descrição de meditação. No Capítulo 1, comparei a prática da meditação à escalada de uma montanha. Aqui, inverterei a metáfora e quero que você imagine uma jornada para baixo — para o fundo de um lago. Na realidade, o lago ao qual me refiro é *você* — a viagem será para as profundezas de seu próprio *ser*.

Examinando as camadas de sua experiência interior

Ao meditar, além de desenvolver a sua concentração e acalmar a sua mente, pode se aprofundar em sua experiência interior e descobrir camadas que nem sabia que existia. O que você acha que encontrará? Você pode preferir imaginá-la como uma fonte infindável de água pura, fresca e intensamente gratificante do *ser*.

Esta fonte de *ser* é quem você realmente é no fundo de seu âmago — antes de se condicionar a acreditar que é de alguma forma deficiente ou inadequado, como muitos de nós fazemos. Ela é a sua totalidade e plenitude — antes de começar a se sentir desconexo, solitário ou fragmentado. É a profunda intuição de estar inextricavelmente conectado a algo maior que você e que todos os outros seres e coisas. É essencialmente a fonte de toda a paz, felicidade, alegria e outros sentimentos positivos e de autoafirmação — embora possa pensar que tudo isso seja causado por circunstâncias externas. As pessoas vivenciam esta experiência de formas diferentes, o que explica a existência de tantas palavras para descrevê-la.

LEMBRE-SE

Conectar-se de alguma maneira com esta fonte ou nascente de puro ser é na verdade a ideia da meditação, esteja você aspirando a iluminação ou simplesmente tentando reduzir o estresse, melhorar seu desempenho ou sua vida. E a meditação vai definitivamente levá-lo até lá, como explico mais adiante neste capítulo. Mas quando medita também começa a encontrar coisas que parecem estar entre você e a experiência de ser, assim como pode encontrar camadas de sedimentos, algas, peixes e escombros em sua jornada ao fundo do lago. Estas camadas não representam perigo, a menos que a água interior esteja *turbulenta* e neste caso fica difícil enxergar claramente. Com turbulência, quero dizer uma mente cheia, agitada ou um coração perturbado, assustado.

Estas camadas serão tratadas nos tópicos seguintes, mais ou menos na ordem em que podem aparecer durante a meditação.

Mente Tagarela

Ao voltar sua atenção para o seu interior, a primeira coisa que provavelmente irá encontrar em sua mente é uma falação incessante. Os Budistas gostam de comparar a mente a um macaco barulhento que pula sem parar de galho em galho, sem jamais se aquietar.

Na maioria das vezes, pode estar tão envolvido nesta falação que nem sequer percebe que ela está acontecendo. Ela pode estar revivendo o passado ou ensaiando o futuro ou tentando resolver um problema do presente. Seja qual for o conteúdo, sua mente está constantemente conversando com ela mesma, geralmente distorcendo uma história e pondo você na posição de herói — ou de vítima. A pesquisa indica que uma pequeníssima porcentagem da população não experimenta um diálogo interior qualquer, mas tem somente imagens ou sentimentos.

Emoções intensas ou recorrentes

Assim como um filme de ação ou uma comédia romântica que nos levam em uma montanha russa de emoções, sua mente não para de criar *dramas* que evocam seu próprio conjunto de sentimentos. Se está tentando descobrir como ganhar muito dinheiro no mercado de ações, por exemplo, ou convidar para sair aquele homem ou aquela mulher atraente que acabou de conhecer no trabalho, pode sentir medo ou ansiedade ou possivelmente excitação e desejo. Se você está perturbado pelas injustiças ou maldades que sofreu recentemente, pode experimentar tristeza, mágoa, revolta ou ressentimento. Junto com estas emoções, obviamente, surgem uma variedade de sensações corporais, incluindo a tensão, excitação, aperto no coração, ou ondas de sensações na barriga ou na nuca.

LEMBRE-SE

Alguns destes sentimentos podem ser agradáveis, outros desagradáveis e até dolorosos. Mas as emoções em si não representam um problema. A questão é que enquanto continuar a reagir a estes dramas dentro de sua cabeça, vai estar se privando de outros sentimentos e de dimensões mais profundas e satisfatórias de seu ser — e pode até nem perceber o que está realmente acontecendo ao seu redor também.

Agarrando e afastando

Em certo nível de experiência mais sutil, os pensamentos e as emoções se escondem em um jogo perpétuo de amores e desafetos, apego e aversão. Os Budistas ensinam que a chave para a felicidade e contentamento está em querer o que você tem e não querer o que você não tem. Mas frequentemente estamos, de alguma forma, insatisfeitos com o que temos, enquanto desejamos o que não temos e nos esforçamos para consegui-lo. Ou podemos nos tornar profundamente apegados ao que temos e, assim, sofrer quando o tempo ou as circunstâncias alteram estas coisas ou as levam embora. Como a mudança é inevitável, esta tendência de nos agarrar firmemente ou afastar nossas experiências pode, na verdade, causar sofrimento constante.

Crenças e roteiros de vida negativos

Aqui vai outra metáfora da natureza: imagine que seus pensamentos e emoções e até mesmo os dramas que não param de passar pelo seu cérebro são as folhas e os galhos de uma árvore ou arbusto interior, subterrâneo. O que acha que forma a raiz, da qual surgem as folhas e os galhos?

Bem, pode ser que se surpreenda em descobrir que a raiz é um conjunto de crenças e histórias, muitas delas negativas, que se formaram como resultado do que as pessoas — especialmente as pessoas importantes em sua vida, como entes queridos e amigos — fizeram ou disseram para você no decorrer dos anos. Estas crenças e histórias se misturaram, ao longo de sua vida, formando uma espécie de roteiro de vida que define quem você pensa que é e como vê as pessoas e as circunstâncias ao seu redor.

A questão é: sua tendência para se identificar com seu roteiro de vida, na verdade, limita a sua gama de possibilidades e lhe causa sofrimento, agindo como um *filtro* e fazendo com que interprete sua vida com base nos aspectos negativos. Voltando à metáfora, você pode até podar os galhos e folhas que vão surgindo, mas continuará cultivando a mesma velha história até que a raiz da árvore seja arrancada.

A noção de separação

Ainda mais fundo do que suas histórias — que alguns chamam de solo onde as histórias crescem — está uma sensação de desligamento ou separação da vida ou do próprio ser. Embora as tradições meditativas ensinem que a separação é, na verdade, uma ilusão e que nós estamos indissoluvelmente conectados uns aos outros, a noção de separação realmente ocorre nas profundezas. Ela normalmente existe desde as experiências de sua infância, quando você era forçado pelas circunstâncias a discernir prematuramente sua mãe de alguma outra figura protetora. Às vezes, isso pode estar ligado a algum trauma de nascimento, quando teve que trocar o paraíso da placenta por uma realidade mais fria, mais dura. Alguns defendem que pode até estar condicionado ao seu sistema embrionário.

Independentemente da origem, esta sensação de separação pode causar uma espécie de medo primitivo: se estou separado, então tudo o que sou está contido dentro de minha pele e tudo fora dela é o *outro*. Como estes outros são geralmente maiores do que eu e tenho somente o mais limitado controle sobre suas ações, minha sobrevivência corre perigo — e eu preciso me proteger a todo custo.

Tomando consciência de seu diálogo interior

Comece esta meditação prestando atenção em seus pensamentos. Após vários minutos, note o que as vozes dentro de sua cabeça estão lhe dizendo. Se não estiver consciente de voz alguma, talvez queira observar os sentimentos ou imagens, como alternativa. Uma voz predomina, ou várias vozes competem pela sua atenção? Elas o criticam ou o encorajam? Repreendem ou lhe elogiam? Ou elas estão focadas especialmente

(continua)

(continuação)

em outras pessoas de sua vida? As vozes discutem entre si?

Que tipo de tom emocional as vozes têm? Elas são amáveis e gentis ou bravas e impacientes? Uma voz soa mais como você do que as outras? Alguma delas o lembra de pessoas em sua vida — do passado ou do presente? Como estas vozes o fazem sentir?

Separe dez minutos para este exercício inicialmente. Quando pegar o jeito, poderá parar de vez em quando durante o dia e prestar atenção em seu diálogo interior. O importante é: não são seus pensamentos — e você não tem que necessariamente acreditar nas mensagens que eles transmitem. Veja o box: "Você não é seus pensamentos e sentimentos" mais adiante neste capítulo).

Descobrindo como a turbulência embaça sua mente e seu coração

Desnecessário dizer, quando experimenta uma turbulência interior, pode achar difícil se conectar com o *ser* ao tentar meditar. Às vezes, é claro, pode ter momentos em que sua mente simplesmente se aquieta e você consegue ver o fundo do lago. Para usar outra metáfora da natureza, pense naqueles dias fechados quando as nuvens repentinamente se abrem e o sol brilha com todo seu calor e esplendor. Estes momentos podem ser marcados por sentimentos de paz interior e tranquilidade, ondas de amor e alegria, ou sinais de sua união com a vida. Mas na maioria das vezes, pode sentir como se estivesse nadando de peito em águas lamacentas.

LEMBRE-SE

A turbulência e confusão que você encontra ao meditar, não se materializa quando você deseja. Ela está lá o tempo todo, cobrindo a sua mente e seu coração e agindo como um filtro que embaça sua visão clara. Talvez sinta isso como uma claustrofobia ou densidade interior — está tão cheio de suas próprias emoções e opiniões que não tem espaço para as ideias e sentimentos dos outros, ou mesmo para quaisquer ideias ou sentimentos novos ou desconhecidos que podem brotar dentro de você. Ou pode ficar tão consumido pelo seu problema que nem se conscientize de que está filtrando sua experiência.

Por exemplo, tenho um amigo, programador de computador, que recebeu bastante amor e apoio quando era criança. Hoje, adulto, ele se considera naturalmente competente e merecedor, embora não seja nenhum Steve Jobs. Em consequência, ele gosta de sua carreira, experimenta só um mínimo de ansiedade quando toma decisões no trabalho, vê os outros como apoiadores naturais e passa uma evidente autoconfiança que atrai os outros e os convida a confiar nele.

Por outro lado, tenho outro amigo, empresário independente, que tem vários diplomas avançados em incontáveis treinamentos de trabalho, mas que no fundo acredita que seja naturalmente sem valor. Não importa o quanto trabalhe, parece não conseguir progredir. Além de que, ele não gosta de seu trabalho e está constantemente ansioso pela possibilidade de falhar, imagina que os outros estão conspirando para questionar ou descreditar seus atos.

Nos dois casos, a maneira com que eles se veem e interpretam o que está acontecendo ao redor deles, determina se são felizes ou estressado.

Como indicam estes exemplos, são a turbulência e a confusão interior, com as quais você filtra e distorce suas experiências — e não através das próprias experiências — que causam a maioria dos sofrimentos e estresse. A boa notícia é que a meditação pode lhe ensinar como acalmar as águas agitadas de sua mente e de seu coração e transformar parte de sua claustrofobia interior em amplitude interior e encontrar seu caminho através de seus filtros (ou evitá-los totalmente) para que possa experimentar a vida mais diretamente — e reduzir seu estresse no processo.

Você não é seus pensamentos ou sentimentos

Encontre um lugar silencioso onde possa se sentar pelo próximos dez minutos. Quando estiver confortavelmente acomodado, faça o seguinte:

1. **Respire profunda e lentamente algumas vezes.**

(continua)

(continuação)

2. **Volte sua atenção para seus pensamentos. Se você costuma ser emotivo, pode praticar o mesmo exercício com suas emoções.**

   Em vez de ficar envolvido em seus pensamentos (ou emoções) como normalmente faz, examine-os de perto, como um pescador examina a ponta de uma vara ou como um jogador de tênis examina a bola. Se perceber que sua atenção está desviando, volte para a tarefa.

3. **No final dos dez minutos, pare e reflita sobre sua experiência.**

   Sentiu algum distanciamento de seus pensamentos e emoções? Ou continuou se perdendo no processo de pensar e sentir?

A ideia deste exercício não é ver o quão bem você consegue acompanhar seu pensamento ou seu sentimento, mas sim experimentar a sensação de ser o observador de seus pensamentos! À medida que ganha alguma perspectiva sobre seus pensamentos por meio da prática da meditação, pode descobrir que seus pensamentos começam a perder a força que uma vez tiveram sobre você. Poderá ter seus pensamentos, mas eles não terão você.

Preocupação com o passado e o futuro

Como a maioria das mentes, a sua pode voar do passado para o futuro e voltar novamente — e apenas ocasionalmente se aquietar no presente. Quando você está preocupado com o que pode acontecer no mês que vem ou no ano que vem, você desencadeia uma série de emoções estressantes baseadas na esperança, medo e na antecipação que não têm nada a ver com o que está acontecendo agora. E quando está revivendo o passado — que no fim das contas não existe, a não ser na forma de pensamentos e imagens dentro de seu cérebro —, você pode oscilar entre arrependimento e ressentimento ou e tristeza e descontentamento.

Resistência às coisas como elas são

A maioria de nós lutou, mesmo que estando infeliz, para conseguir o que acredita que precisa para ser feliz, ignorando ou desprezando o que já tem. Agora, não me leve a mal; mas não estou sugerindo que você se sente passivelmente e não faça nada para melhorar sua vida. Mas como um de meus professores costumava dizer, o segredo para melhorar a vida é antes de tudo aceitar as coisas como elas são — que é precisamente o que a prática da meditação pode ensinar. Particularmente, a resistência às coisas como elas são geralmente vem em duas formas: resistência à mudança e resistência à dor.

Resistência à mudança

Quer você queira ou não, a mudança constante é inevitável. Se tenta resistir à corrente de mudanças se agarrando a alguma imagem de como as coisas devem ser, vai sofrer, pois não pode fazer a vida parar e lhe obedecer. Como já dizia o filósofo grego Heráclito, "Você não pode entrar no mesmo rio duas vezes".

Por meio da meditação, pode descobrir como seguir a corrente desenvolvendo uma mente aberta, flexível e tolerante. Na verdade, a meditação fornece o laboratório perfeito para estudar as mudanças, pois é possível sentar calmamente e observar os pensamentos, os sentimentos e as sensações que vão e vêm. Você já notou como algumas pessoas podem se tornar mais extravagantes e deprimidas conforme envelhecem, enquanto outras envelhecem graciosamente e com um brilho de prazer em seus olhos? A diferença está em suas habilidades em se adaptar às mudanças desafiadoras que a vida lhe apresenta.

Resistência à dor

Assim como a mudança, a dor é inevitável — assim como também, obviamente, o prazer. Na realidade, você não pode ter um sem o outro, embora a maioria de nós quisesse que fosse de outro jeito. Quando contrai sua barriga e prende a respiração em reação à dor, seja emocional ou física, na verdade, você intensifica a dor. E quando adiciona uma história à dor — por exemplo, "Isso não deveria estar acontecendo comigo", ou "Eu devo ter feito alguma coisa para merecer isso" —, simplesmente acrescenta uma nova camada de sofrimento à dor, que faz com que seu corpo endureça e resista ainda mais e que serve somente para perpetuar a dor em vez de aliviá-la.

Através da meditação, você pode aprender a respirar fundo, relaxar sua barriga, esquecer a sua história e aliviar a sua dor. Geralmente, a dor naturalmente desiste e vai embora — e mesmo quando isso não acontece, ela normalmente se torna bem mais fácil de suportar.

A mente que julga e compara

O hábito que sua mente tem de compará-lo aos outros (ou a algum ideal impossível) e de julgar tudo que faz como imperfeito ou inadequado só o deixa ansioso, frustrado e magoado. Geralmente, este hábito tem origem em suas histórias ou roteiros de vida, um conjunto de, quase sempre, crenças negativas muito bem guardado. Afinal de contas, se você acredita que é amável e naturalmente perfeito, sua mente não tem nada com o que lhe comparar. Quando pratica a meditação, pode desenvolver a capacidade de observar os julgamentos e comparações de sua mente sem se identificar com elas ou confundi-las com a verdade.

Abandono aprendido e pessimismo

Como muitos estudos psicológicos sugerem, sua habilidade de lidar com situações de estresse depende principalmente se você acredita que tem os recursos necessários para lidar com elas. Isso mesmo — a *crença* de que tem tudo que precisa, talvez seja seu maior recurso. Se sua história continua dizendo que é inadequado, isso só torna as situações estressantes ainda mais estressantes.

A meditação pode lhe ensinar habilidades para lidar com coisas como manter-se focado e a acalmar a sua mente; voltar para o presente; e cultivar emoções e estados mentais positivos que ajudam a evitar os negativos; distrair os pensamentos e fortalecê-lo para lidar com circunstâncias e pessoas difíceis.

Emoções avassaladoras

Embora não consiga necessariamente identificar a sua história, você pode estar dolorosamente consciente de como emoções poderosas como raiva, medo, saudade, tristeza, ciúmes e desejo turvam sua mente, atormentam o seu coração e o fazem agir de formas de que irá se arrepender mais tarde. Inicialmente, a meditação não vai pôr fim a estas emoções, mas lhe ensinar como focar e acalmar a sua mente e evitar que ela se distraia. Se quiser, pode usar a meditação para ajudá-lo a observar estas emoções conforme aparecem, sem evitá-las. Com o tempo, pode desenvolver uma introspecção compenetrada em relação à natureza destas emoções e sua conexão com as histórias ocultas que as continuam gerando — e por final, pode investigar estas histórias e até mesmo destruí-las completamente. Para saber mais sobre a meditação com emoções desafiadoras, veja o Capítulo 10.

A fixação da atenção

A tendência da mente pensante de obcecar ou fixar-se em certos pensamentos e emoções faz com que o corpo responda com tensão. Já notou como fica tenso e ansioso quando ensaia mentalmente a mesma situação repetidamente, mesmo que elas sejam ostensivamente positivas? Por outro lado, uma mente alerta, aberta, flexível — que você pode desenvolver por meio da prática regular da meditação de atenção plena (veja o Capítulo 6) — permite passar de uma experiência para outra sem ficar fixado ou emperrado. Por fim, pode exercitar a *consciência receptiva* (veja o Capítulo 1), a qualidade ampla e expansiva da mente que acolhe tudo o que aparece.

A Boa Notícia: Como a Meditação Alivia o Sofrimento e o Estresse

E agora a boa notícia! Caso você tenha achado toda a conversa anterior deste capítulo depressiva, deixe-me tranquilizá-lo: a sua história ou drama pode parecer estar mascarando quem você realmente é — mas não está. O seu ser essencial continua puro e ileso, independente do quão elaborada e convincente a sua história se torne. Além do que, por mais teimosos e rebeldes que eles possam parecer, a sua mente e seu coração são, na verdade, maleáveis. Por meio da prática regular da meditação, você pode reduzir seu sofrimento e seu estresse, tranquilizando e consequentemente dissipando a turbulência e a confusão dentro de si. Como afirma um velho mestre Zen, "Se sua mente não estiver enevoada por coisas desnecessárias, este momento é o melhor momento de sua vida".

Para começar, desenvolva a habilidade de *focar e concentrar* a sua mente, isso acalma e evita que se torne agitada. À medida que sua concentração aumenta, os pensamentos e sentimentos que vêm se acumulando naturalmente explodem e evaporam — um processo que eu gosto de chamar de *liberação espontânea*.

Quando desenvolver uma concentração forte, você pode expandir a sua consciência para incluir pensamentos, sentimentos e os padrões e as histórias mais profundas, que o fundamentam. Então, por meio do poder de uma *introspecção compenetrada*, você pode explorar as várias camadas de sua experiência interior, conhecer como funcionam e assim usar esta compreensão para desmantelar os padrões que continuam causando o estresse.

Voltando para o presente

Quando começar a desenvolver a concentração, você pode usá-la para manter o seu cotidiano longe do seu drama interior e de volta ao presente. Talvez, isto não elimine a turbulência, mas você conseguirá ver através dela. É mais ou menos como tirar seus óculos de sol e olhar para as coisas diretamente — ou como ficar de olhos bem abertos quando começar a cair no sono. Quanto mais olha através do drama, mais vê a pureza do *ser* em si refletida no que vê. Voltar para o presente repetidas vezes constrói uma trilha que lhe permite contornar o seu drama e fortalecer a sua conexão direta com a vida.

Aceitando a liberação espontânea

Quando meditamos regularmente, começamos a notar que os pensamentos e sentimentos que se acumularam dentro de nós naturalmente se dissipam, como uma névoa saindo da superfície de um lago. Você não tenta fazer nada de especial para que isto aconteça — simplesmente ocorre naturalmente, conforme a sua concentração se intensifica e sua mente se acomoda. Vai se sentar para meditar sentindo-se pesado, cheio de preocupações e aborrecimentos e, então, levantará meia hora depois sentindo-se um tanto mais leve, mais expandido e mais despreocupado. Quem sabe como este misterioso processo ocorre? Você poderia dizer que meditar é como levantar a tampa de uma panela com sopa fervendo — cria espaço para a água evaporar e reduz a pressão que estava se acumulando dentro dela.

Penetrando em sua experiência com a introspecção

Nos tópicos anteriores, ressalto as técnicas de concentração e consciência e lhe mostro como driblar o seu drama, desenvolvendo alternativas para o seu drama, ou a acalmar a sua mente para que ele não o perturbe. O problema é que estas técnicas ainda deixam as suas histórias mais ou menos intactas e quando a sua concentração enfraquece ou sua bondade diminui, aqueles mesmos pensamentos perturbadores e emoções problemáticas voltam a estressá-lo!

Através da prática da introspecção compenetrada, você pode conhecer o seu drama, adquirir uma compreensão de como ele causa sofrimento e enxergar além dele — eventualmente se libertando por completo.

Tomando consciência de sua história e de como ela o confunde

Quando medita regularmente e observa seus pensamentos e sentimentos, começa a perceber temas e enredos recorrentes que ficam passando em sua mente. Talvez tome consciência do hábito de ficar obcecado sobre todas as vezes que as pessoas não o compreenderam ou deixaram de lhe dar o amor que você queria. Talvez perceba sua mania de se comparar à outras pessoas, julgando-se melhor — ou pior. Possivelmente, vai perceber que fantasia sobre sua companhia ideal, embora esteja muito bem casado por anos. Ou talvez note que você está sempre planejando o futuro e ignorando o que está acontecendo aqui e agora.

Qualquer que seja o seu padrão específico, você pode observar como eles estão sempre aparecendo para perturbá-lo ou afastá-lo da realidade presente — que pode ser uma tarefa um tanto fácil, como acompanhar a sua respiração ou recitar o seu mantra. Gradualmente, você percebe que sua história não passa daquilo — uma história que sua mente não para de criar e que o isola dos outros e provoca dor. Como disse John Lennon, "a vida é o que está acontecendo enquanto você está ocupado fazendo outros planos". Quando começa a ver a sua história pelo que ela é, não permite que ela o confunda da mesma forma novamente.

Mudando a sua história

Como pode ter notado depois de meditar por um tempo, só o fato de estar consciente de sua história já pode começar a mudá-la de forma sutil (ou até não tão sutil!). Quando desenvolve um certo distanciamento dela — sabendo que em um certo nível ela é só uma história e não o que você realmente *é* —, você naturalmente se afeta menos, as pessoas reagem a você de forma diferente e as circunstâncias ocorrem naturalmente. Em breve sua vida simplesmente não será mais a velha história de sempre!

É claro, você pode já estar lutando para mudar a sua vida, manipulando as circunstâncias ou reprogramando a sua mente com afirmações ou pensamentos positivos. Mas antes disso, precisa do poder de introspecção compenetrada para conseguir suportar seus padrões e histórias habituais; senão, perspectivas e padrões mais saudáveis não conseguem se enraizar e você fica na mesma.

Enxergar além da sua história, para quem você realmente é pode assumir várias formas diferentes. Talvez tenha inesperados momentos de paz ou tranquilidade, quando seus pensamentos se acalmam — ou até mesmo cessam por completo — e um doce silêncio invade sua mente. Ou pode experimentar uma inundação de amor incondicional que momentaneamente abre mais o seu coração e lhe dá uma rápida mostra da unicidade atrás da aparente separação. Ou talvez tenha uma súbita intuição sobre sua inerente interconectividade com todos os seres ou uma sensação de estar na presença de alguma coisa muito maior do que você. Seja qual for a introspecção que o faça ir além de sua história, ela pode alterar quem você pensa que é, definitivamente. Nunca mais conseguirá acreditar plenamente que é meramente a personalidade limitada que sua mente teima em lhe dizer que é.

Eu ainda lembro de como tudo parecia novo e claro após o meu primeiro retiro de meditação — as cores eram tão vivas, os rostos das pessoas eram tão radiantes —, embora eu tivesse passado cinco dias fazendo nada além de esforço para contar minhas respirações de um até dez sem me perder, eu me sentia como se uma venda tivesse sido removida de meus olhos e eu pudesse ver claramente pela primeira vez. Tudo o que ouvia parecia irradiar *ser* e eu sabia, como nunca antes, que eu pertencia a este planeta. É claro, a intensidade diminuiu após alguns dias, mas nunca me esqueci daquela primeira mostra de *visão clara* e livre dos filtros perceptivos que vinha carregando a vida inteira.

Parte II

Começando

A 5ª Onda por Rich Tennant

"Ok, sua postura está muito boa. Agora relaxe, concentre-se e, com muita calma, largue seu celular".

Nesta parte...

Eu o conduzirei (gentilmente) passo a passo pelo processo de descobrir como meditar. Primeiro você experimenta voltar a sua mente para dentro de si e desenvolver sua concentração. Então, explora a prática da *atenção plena*, que significa prestar atenção em qualquer coisa que esteja experimentando. No final desta parte, conhecerá todos os pequenos truques que tornam a meditação fácil e divertida, desde como se sentar imóvel e acompanhar a sua respiração e onde e quando meditar, até quais instrumentos você precisa e como deve usá-los. Se seguir estas instruções, se tornará um meditador habilidoso num piscar de olhos.

Capítulo 6

Meditação Básica: Relaxando Seu Corpo e Acalmando Sua Mente

Neste Capítulo

- Sintonizando-se, diminuindo a velocidade e explorando a sua respiração
- Atravessando o nevoeiro, tornando-se sua respiração e outras charadas Zen
- Brincando com as lentes de aumento da consciência

Se está procurando por instruções de meditação simples e concisas veio ao capítulo certo. Pode refletir eternamente sobre os benefícios da meditação ou a natureza da mente, mas não há nada como tentar praticar para lhe mostrar o quanto sua mente pode ser teimosa e selvagem.

Como mencionei no Capítulo 5, os Budistas gostam de comparar a mente com um macaco que salta incontrolavelmente de galho em galho sem jamais parar em um lugar. Alguns professores contemporâneos preferem a analogia mais familiar do cachorrinho desobediente que não para de perambular impulsivamente de um lado para outro, alegremente fazendo xixi no carpete onde quer que vá. Você sabe como é treinar um filhote — não consegue dominá-lo, adestrá-lo ou reprimi-lo até que ele concorde em obedecer. Bem, o mesmo funciona para sua mente. Na verdade, se tentar forçar a sua mente a se acalmar, somente a faz se agitar ainda mais se não chega a lugar algum bem rápido, como o cachorrinho perseguindo seu rabo!

Em vez disso, a prática da meditação envolve trazer sua mente gentilmente de volta para um único foco de atenção. Neste capítulo, você tem a oportunidade de descobrir como meditar em sua respiração — uma das mais conhecidas formas de meditação entre todas as tradições espirituais do mundo. Também aprende técnicas de atenção plena para "Treinar seu cachorrinho", equilibrando relaxamento e vigilância e estendendo sua meditação para abranger uma variedade completa de *experiências sensoriais* (isto é, ouvir, ver, cheirar, tocar e saborear).

Paradoxalmente, a atividade mundana, repetitiva, aparentemente irrelevante de lidar com sua respiração pode eventualmente lhe conduzir a todos os benefícios glamourosos que a meditação promete, incluindo a redução do estresse, a melhora no desempenho, o aumento da apreciação e do prazer em viver, uma conexão mais intensa com seu ser essencial — até mesmo estados meditativos avançados, tais como o amor incondicional ou introspecção transformativa sobre a natureza da existência. Mas antes de ir com sede ao pote, você precisa dar o primeiro passo em direção a ele.

Voltando a sua Atenção para o seu Interior

Como diz o velho ditado, uma jornada de mil milhas começa com o primeiro passo. No caso da meditação, este passo simples, mas essencial envolve direcionar sua mente para longe de suas preocupações usuais com os eventos externos — ou, como normalmente acontece, com as histórias que ela conta sobre os eventos externos — e para dentro de sua sensata experiência interior.

Se você é como a maioria das pessoas, então fica ligado em tudo o que acontece ao seu redor — o olhar das outras pessoas, as vozes da família e dos colegas, a última notícia no rádio, as mensagens aparecendo na tela do seu computador —, e você esquece de prestar atenção ao que está acontecendo em sua própria mente, corpo e coração. Aliás, a cultura popular foi projetada para seduzi-lo a procurar felicidade e satisfação fora de você. Em um mundo tão confuso e convincente, até o gesto mais rudimentar de autoconsciência pode parecer um desafio de proporções monumentais.

Simplesmente pare por alguns minutos agora para direcionar sua mente e prestar atenção no que consegue perceber e sentir. Note quanta resistência tem para mover a sua consciência de um foco externo para a sua simples e sensata experiência. Note quão ativamente a sua mente voa de pensamento em pensamento e de imagem em imagem, criando uma história em que você é o personagem principal.

LEMBRE-SE

Por estes padrões habituais estarem tão arraigados, fazer algo aparentemente inofensivo, como trazer a sua mente de volta para um foco interno básico, como sua respiração, pode requerer imensa coragem e paciência. Pode estar com medo do que virá a descobrir ao se aventurar em um terreno essencialmente desconhecido — ou com medo do que vai perder caso volte sua atenção para dentro, mesmo que por pouco tempo. Mas esta mudança de externo para interno é exatamente o simples, porém, radical gesto que a meditação requer.

Quando falo em voltar a atenção para dentro de si, o que estou sugerindo tem na verdade várias dimensões relacionadas:

- **Do conteúdo para a processo:** em vez de ficar entretido com o significado do que está vivenciando, pensando ou sentindo, mude seu interesse e atenção para *como* ocorre a experiência — ou o simples fato da experiência em si. Por exemplo, em vez de se perder em pensamentos ou sonhar acordado, perceba como sua mente voa de pensamento para pensamento. Em vez de ficar paralisado pelo medo ou pelo que imagina que ele signifique ou queira lhe dizer, perceba como as ondas de tensão se movem pela sua barriga — ou simplesmente preste atenção no que está sentindo.
- **Do exterior para o interior:** inicialmente, equilibre a sua tendência habitual de ser tão direcionado para o exterior, prestando particular atenção à experiência interior. Eventualmente, você será capaz de usar a mesma qualidade de consciência em todas as experiências, interior ou exterior.

- **Da indireta para a direta:** ainda mais útil do que interior e exterior e a distinção entre a *experiência indireta* e a direta. A *experiência indireta* foi filtrada e distorcida pela mente e está geralmente ocupada com pensamentos sobre o passado ou futuro, enquanto a experiência direta só é encontrada no presente e acessada por meio dos sentidos. Além de fazer você se voltar para o seu interior, a meditação envolve direcionar a atenção para longe da história que sua mente fabrica sobre sua experiência e para perto da experiência direta em si.
- **Do fazer para o ser:** você passa praticamente todo o tempo correndo de uma tarefa, projeto ou atividade para outra. Você se lembra de como é simplesmente ser, como era quando era bebê ou uma criança pequena, aproveitando uma tarde de verão e simplesmente brincando ou deitando na grama? A meditação dá a oportunidade de fazer esta mudança crucial do fazer para o ser.

Relaxando Seu Corpo

Como nos recorda o emergente ramo da medicina mente-corpo — e os yogis e sábios têm repetido por milênios —, seu corpo, sua mente e seu coração formam um todo inseparável. Quando seus pensamentos não param de saltar como o famoso macaco, de preocupação em preocupação, seu corpo reage contraindo e tensionando, especialmente em lugares e específicos, como a garganta, o coração, o plexo solar e a barriga. Quando o desconforto se intensifica, você o registra como uma emoção — de medo, talvez, raiva ou tristeza.

Por conectar você a sua experiência direta — e eventualmente com o puro *ser* além da mente —, a meditação naturalmente relaxa o seu corpo, focando a sua mente. Como um iniciante, no entanto, você pode não experimentar este relaxamento natural por dias ou até por semanas. Então, pode ser de grande auxílio praticar uma das técnicas na lista seguinte *antes* de meditar, especialmente se costuma ficar tenso (se é uma daquelas raras pessoas que está sempre tão relaxada que costuma cair no sono com um mínimo de estímulo, talvez seja melhor pular este exercício). Relaxar seu corpo tem seus próprios e maravilhosos benefícios — mas seu corpo não ficará relaxado até que seja capaz de lidar com a sua mente.

Se nunca relaxou seu corpo intencionalmente, comece com a meditação descrita no box "Relaxamento profundo". Por ele levar pelo menos quinze minutos, provavelmente, você não conseguirá fazer este exercício toda vez que meditar, mas ele ensina a relaxar o seu corpo parte por parte. Quando tiver praticado este exercício algumas vezes, seu corpo construirá a memória de como é estar profundamente relaxado. Inclusive, o relaxamento profundo é um grande antídoto contra insônia — basta praticar em sua cama e cair no sono! A seguir, técnicas breves de relaxamento:

- **Banho de relaxamento:** imagine tomar um banho quente. Conforme a água escorre pelo seu corpo e passa pela suas pernas, ela carrega junto todo desconforto e tormento, deixando-o renovado e revigorado.
- **Um lugar pacífico:** imagine um lugar pacífico que seja seguro e protegido, talvez uma floresta, um pasto ou uma praia. Vivencie o lugar plenamente, usando todos os seus sentidos. Perceba como está calmo e relaxado agora; deixe este sentimento penetrar todas as células do seu corpo.
- **Exame corporal:** começando com o topo da cabeça, examine o seu corpo da cabeça aos pés. Quando chegar a uma área de tensão ou desconforto, permita gentilmente que ela abra e se acalme; e então prossiga.

Desenvolvendo a Atenção Plena: A Consciência do Aqui e Agora

Este capítulo ressalta uma abordagem de meditação conhecida como *atenção plena* — a consciência constante de sua experiência conforme ela acontece. A atenção plena combina *concentração* (consciência altamente focada) e uma consciência mais receptiva, que acolhe simplesmente tudo o que aparece. A atenção plena cresce nos alicerces da concentração, por isso você precisará fortalecer e estabilizar a sua concentração antes que possa evoluir para a prática completa da atenção plena. É por isso que as meditações iniciais fornecidas aqui enfatizam o foco em um objeto específico de concentração — sua respiração.

Relaxamento profundo

Aqui está uma meditação que você pode fazer sempre que tiver quinze ou vinte minutos sobrando e queira aliviar um pouco a tensão que se acumulou em sua vida agitada. Também é uma ótima maneira de se preparar para outras meditações neste livro, porque ela o deixa relaxado, renovado e em contato consigo mesmo.

1. **Encontre um lugar confortável para deitar. Tire seus sapatos, afrouxe seu cinto e o que mais estiver apertado, estique suas costas, repouse os braços ao longo do corpo e mantenha as pernas um pouco afastadas.**
2. **Sinta seu corpo como um todo, incluindo os locais em que ele toca a superfície da cama ou do chão.**
3. **Feche os olhos e volte a sua consciência para seus pés. Mexa seus dedos do pé, flexione seus pés e então se desprenda de toda tensão, o máximo que conseguir, permitindo que seus pés derretam pelo chão.**
4. **Direcione sua consciência para a parte inferior de suas pernas, coxas e quadris. Imagine-os ficando pesados e relaxados e derretendo pelo chão.**

   Se a imagem de derreter não o agrada, pode tentar a ideia de esparramar, afundar ou espalhar.
5. **Direcione sua consciência para seu abdômen, peito, pescoço e garganta, sentindo as áreas se abrirem e se soltando.**
6. **Dirija sua consciência para seus ombros, braços, antebraços e mãos. Imagine-os ficando pesados e relaxados e derretendo pelo chão e depois passe para sua cabeça e rosto.**
7. **Examine seu corpo da cabeça aos pés, procurando alguma área remanescente de tensão ou desconforto.**

   Se encontrar alguma, simplesmente imagine-as relaxando completamente.

   Experimente seu corpo como um grande campo de relaxamento, sem partes ou contornos.
8. **Continue a descansar dessa maneira por cinco ou dez minutos; então, muito calmamente, comece a mexer os dedos das mãos e dos pés, estique seus braços e pernas, abra seus olhos e aos poucos se erga para sentar.**

Faça contato consigo e note como se sente. Mais relaxado? O mundo parece diferente de alguma forma? O seu corpo parece mais leve ou mais expandido? Agora levante-se calmamente e prossiga com seu dia.

Focando em sua respiração

Comparado a navegar na internet ou assistir a um filme na TV, acompanhar a sua respiração pode parecer uma forma entediante de passar seu tempo livre. Na verdade, a mídia nos condicionou a sermos viciados por estímulos, enchendo nossos sentidos com imagens computadorizadas e sons sintetizados que mudam na velocidade do laser. Recentemente, ouvi o diretor de uma agência se gabando de que seu mais recente programa na televisão havia bombardeado os telespectadores com seis imagens por segundo — muito mais rápido do que a mente consciente pode possivelmente registrar.

Em contrapartida, prestar atenção no ir e vir de sua respiração desacelera a sua mente, para que se equilibre com a velocidade e o ritmo de seu corpo. Em vez de seis imagens por segundo, você respira em média de doze a dezesseis vezes por minuto. E as sensações são muito mais sutis do que qualquer coisa que veja ou ouça na televisão – mais parecidas com as visões e os sons da natureza, que é, afinal, de onde você e seu corpo vieram.

Além do mais, o melhor sobre usar a sua respiração como foco da meditação é que ela está sempre disponível, sempre mudando, mas sempre mais ou menos igual. Se a sua respiração fosse totalmente diferente a cada momento, ela não forneceria a estabilidade necessária para desenvolver a concentração; se ela nunca mudasse de forma alguma, você rapidamente cairia no sono e nunca teria a oportunidade de desenvolver a curiosidade e a atenção, que são tão essenciais para prática da atenção plena.

Com uma preliminar à prática de acompanhar a sua respiração, passe algumas semanas ou meses simplesmente contando suas respirações. É uma ótima forma de desenvolver a respiração – e lhe dá uma estrutura preestabelecida que lhe lembrará toda vez que começar a dispersar. Se fosse um estudante Zen iniciante, poderia passar anos contando sua respiração antes de avançar para uma prática mais desafiadora. Mas ainda que esteja se sentindo aventureiro ou já tenha alguma confiança em sua concentração, comece acompanhando sua respiração. Confie na sua intuição para lhe dizer qual método é o certo para você.

Contando a sua respiração

Comece encontrando uma posição confortável para se sentar, em que consiga permanecer por dez ou quinze minutos. Então, respire fundo algumas vezes, expirando lentamente. Não tente controlar a sua respiração de forma alguma, deixe-a encontrar a sua própria intensidade e ritmo naturais. Sempre respire pelo nariz, a menos que por algum motivo não consiga.

Agora comece a contar cada inspiração e expiração até alcançar 10; e então volte para um. Em outras palavras, quando inspirar, conte "um", quando expirar, conte "dois", quando inspirar novamente, conte "três" e assim em diante até dez. Se você se perder na conta, volte para o um e comece novamente.

Por mais bobo que este exercício possa parecer à primeira vista, você pode se surpreender ao descobrir que não consegue chegar ao dez sem perder a conta. Você não precisa parar o diálogo interno de sua mente. Mas se você se distrair com seus pensamentos e perder a conta de sua respiração, volte para o um e comece novamente.

Quando pegar o jeito de contar cada inspiração e expiração — digamos, depois de um mês ou dois de prática regular —, passe a contar somente as expirações. Mas se sua mente começar a vagar durante as inspirações, volte para o primeiro método até que se sinta pronto para seguir adiante. Eventualmente, pode querer simplificar ainda mais a prática apenas sinalizando "dentro" para a inspiração e "fora" para a expiração.

Acompanhando a sua respiração

Comece sentando-se e respirando exatamente como fez para contar suas respirações (se preferir seguir as instruções em áudio para esta meditação, ouça a Faixa 4). Quando sentir que está acomodado, deixe que a sua atenção se concentre, ou na sensação de sua respiração indo e vindo pelas suas narinas ou no subir e descer de seu abdômen conforme respira. Embora possa alternar seu foco de uma sessão para outra, é melhor ficar com um único foco durante toda a meditação — e eventualmente é melhor que você use o mesmo foco toda vez que medita.

Dê toda atenção ao ir e vir de sua respiração. Quando perceber que a sua mente saiu de foco e você está entretido com planejamentos, pensamentos ou sonhos acordados, gentil, mas com firmeza, traga-a de volta à sua respiração.

No final de sua expiração (e antes de inspirar novamente), geralmente, existe um espaço ou uma pausa em que a sua respiração não é mais perceptível. A essa altura, deixe que a sua atenção se fixe em um ponto predeterminado de referência, tal como o seu umbigo ou suas mãos, antes de focar na sua respiração quando ela continuar.

Pensamentos e imagens irão, definitivamente, continuar a agitar e se entrelaçar em sua mente enquanto medita, mas não se preocupe. Simplesmente continue a focar em sua respiração com paciência e persistência. Gradualmente, você vai até desenvolver um tipo de fascínio com todas estas pequenas sensações — de seu abdômen e caixa torácica se movendo e expandindo e mudando de forma conforme respira ou da sua respiração acariciando a ponta do seu nariz, fazendo cócegas em suas narinas e refrescando suas vias nasais à medida que entra e sai. Também pode perceber que a sua mente tende a se acalmar ou que seu pensamento tende a mudar durante a expiração ou a inspiração. Ao se sintonizar com um nível mais sutil de experiência enquanto medita, abra-se para uma apreciação mais sutil de cada momento da vida como ela acontece.

Expandindo-se para as sensações

Assim que desenvolver uma certa facilidade em acompanhar a sua respiração, expanda sua consciência, à medida que medita, para abranger toda uma série de sensações, tanto dentro quanto fora de seu corpo — tato, olfato, audição, visão. Imagine que a sua consciência é como as lentes de zoom em uma câmera. Até agora, ela esteve focada exclusivamente em sua respiração; e agora poderá recuar um pouco para abranger o campo de sensações agregado a sua respiração.

Conforme pega o jeito de incluir sensações em suas meditações, experimente expandir a sua consciência para incluir todos os sentidos (isto é, audição, visão, olfato, tato e paladar). Comece por acompanhar a sua respiração e então simplesmente abra as suas lentes, permitindo que as sensações apareçam e desapareçam em sua consciência.

Treinando o Seu Filhote: Domando a Sua Mente Inquieta

Na verdade, sua mente merece ainda mais paciência do que um cãozinho, pois ela desenvolveu uma propensão a fantasiar, preocupar e obcecar ao longo de uma vida inteira de mau treinamento. À medida que pratica ser bom e paciente com a sua mente, naturalmente, consegue acalmá-la e relaxá-la até o presente — que é, afinal, o objetivo da meditação. Por outro lado, forçar a sua mente a se concentrar, do mesmo modo que um instrutor militar treina a suas tropas, só vai resultar em tensão e desconforto — e provavelmente, falta de motivação para meditar novamente.

O lendário Buda comparava a meditação com a afinação de um alaúde. Se deixar as cordas muito apertadas, elas se rompem e você não pode sequer tocar o instrumento. Se deixá-las muito frouxas, não consegue tirar os sons corretos. Da mesma forma, precisa escutar o seu instrumento — seu corpo e mente — quando medita para determinar que tipo de afinação precisa. Se está tenso, talvez seja melhor começar com um pouco de relaxamento profundo; se está sonolento ou confuso, talvez precise sentar-se ereto, prestar atenção e dar ênfase à sua concentração.

Capítulo 7

Preparando-se para a Meditação: Postura, Alongamento e Sentando-se Imóvel

Neste Capítulo

- Os benefícios e desafios de sentar-se imóvel
- Reconhecidas técnicas antigas para se sentar corretamente
- Meditando como uma montanha ou uma árvore
- Sentando na posição de lótus, ajoelhando ou sentando em uma cadeira
- Seis grandes alongamentos para prepará-lo

Talvez você conheça algumas técnicas de meditação, mas ainda não começou a praticá-las, pois não consegue sentar-se imóvel por mais que uns segundos, quanto menos cinco, dez ou mesmo quinze minutos.

Talvez as suas costas ou seus joelhos comecem a doer e você se preocupe em estar causando algum dano irreparável. Seu corpo começa a coçar nos lugares mais estranhos e você não consegue resistir. Todo som chega a seus ouvidos ampliado mil vezes — com qualidade estéreo — e você começa a imaginar ladrões ou torneiras vazando atrás de todas as portas.

Talvez você tenha tido um professor (ou uma mãe ou um pai) que lhe fazia se sentar à mesa até que terminasse a sua lição de escola e agora a simples ideia de sentar sem se mexer já lhe provoca inquietação.

Sim, o simples ato de sentar-se imóvel vai absolutamente revelar toda e qualquer inquietação que nem sabia que tinha. E sim, a meditação funciona melhor quando o seu corpo se mantém relativamente imóvel e a sua coluna relativamente ereta. Então, o que fazer?

Neste capítulo, você explora a topografia da meditação e descobre o que a meditação pode lhe ensinar. Aprende algumas grandes técnicas para corrigir a sua coluna sem machucar as suas costas. E terá uma oportunidade de praticar algumas incríveis posições de yoga para alongar e relaxar os músculos mais usados para se sentar— para que consiga permanecer sentado por ainda mais tempo e aproveitar mais! (Para orientação em áudio sobre como preparar seu corpo para a meditação sentada, ouça a Faixa 5).

Colocando uma Cobra em uma Vara de Bambu — ou a Arte Sutil de Sentar-se em Repouso

Quando o assunto é a prática de sentar-se imóvel, um de meus primeiros professores de meditação, o mestre Zen Shunryu Suzuki, costumava dizer que a melhor forma de mostrar para uma cobra a sua verdadeira natureza é colocá-la dentro de uma vara de bambu oca. Pare por um momento e pense um pouco sobre esta metáfora incomum. O que ele estaria querendo dizer?

Bem, imagine que você seja a cobra no bambu. Como se sente? Toda vez que tenta escorregar, que é afinal o que as cobras gostam de fazer, bate nas paredes de sua casa apertada como uma lata de sardinha. Se prestar atenção, começará a perceber o quanto é realmente escorregadio.

Da mesma forma, sentar-se em uma postura específica e manter o seu corpo relativamente imóvel lhe proporciona a mesma sensação de estar preso em uma vara de bambu, que reflete todos os seus impulsos e distrações. Você consegue perceber o quanto seu corpo pode ser inquieto — e o quanto a sua mente pode ser imperativa, na verdade, a fonte de toda a agitação em seu corpo. "Talvez eu devesse me coçar, ou atender aquela ligação ou fazer aquele negócio". Para todo plano ou intenção, existe um impulso correspondente em seus músculos e pele. Mas estas atividades nunca são percebidas a menos que tente sentar-se imóvel.

O engraçado é que se pode ficar sentado na mesma postura por horas sem perceber quando está alegremente entretido com uma atividade favorita, como assistir a um filme, navegar na internet ou praticar um hobby. Mas tente fazer alguma coisa que ache entediante ou desagradável — especialmente uma atividade tão estranha e desconhecida como focar sua atenção para seu interior e acompanhar a sua própria respiração ou prestar atenção em suas próprias sensações — e subitamente todo minuto pode parecer uma hora, toda a dor pode parecer uma doença possivelmente fatal e todos os itens em sua lista de afazeres podem impor uma urgência irresistível.

Quando estamos constantemente agindo e reagindo em resposta aos pensamentos e aos estímulos externos, não temos chance de conhecer como nossa mente funciona. Ao permanecer imóvel como uma cobra em um bambu, conseguimos perceber o quanto nossa mente pode ser escorregadia e elusiva.

Permanecer imóvel também lhe fornece uma tremenda vantagem quando se está exercitando para desenvolver a concentração. Imagine um cirurgião cardíaco ou um pianista que não consegue parar quieto quando está desempenhando sua ocupação. Quanto menos distrações físicas tiver, mais fácil é acompanhar a respiração, praticar o seu mantra — ou qualquer que seja a sua meditação.

LEMBRE-SE

Entretanto, um aviso: estas instruções para sentar-se imóvel não tem o objetivo de transformar seu corpo em uma rocha, assim como o bambu não quer transformar a cobra em uma vara. Enquanto estiver vivo, vai continuar se mexendo. A ideia é fixar a sua intenção em permanecer imóvel e observar o que acontece.

Como Sentar Corretamente — e Sobreviver para Contar a História

Se examinarmos as posições de meditação descritas nas grandes tradições espirituais, veremos que todas têm uma coisa em comum — a inabalável estabilidade de uma montanha ou de uma árvore. Olhe para os faraós ajoelhados nas pirâmides do Egito, por exemplo, ou para os Budas sentados em posição de lótus nas cavernas indianas ou nos templos japoneses. Eles se sentam em uma base ampla, que parece estar profundamente enraizada na terra e têm uma presença equilibrada que nos diz "Eu não posso ser removido. Estou aqui para ficar" (veja a Figura 7-1).

Figura 7-1: Sente-se como uma montanha (mostrado aqui em lótus completo) para fundamentação e estabilidade.

Quando se senta corretamente como uma montanha ou uma pedra de mármore, o seu corpo age como uma conexão entre o céu e a terra — e, por analogia, conecta a sua existência física e corpórea com a dimensão espiritual ou sagrada do ser. Muitas tradições falam sobre a importância de nos conectarmos ao abismo que nos separa de Deus ou do Absoluto. Místicos Judeus e Sufis ensinam que a alma é uma fagulha da chama celestial que clama por voltar a sua fonte. Os Cristãos descrevem a alma como uma pomba voando para o céu e os e yogis Tântricos e Indianos (veja o Capítulo 3) descrevem-na como a arrebatadora união de *Shakti*, a energia feminina da evolução espiritual que surge pela espinha, com *Shiva*, o princípio masculino da transcendência desprendida.

Se achar todo este papo espiritual muito místico ou irreal, leve em consideração apenas que uma postura correta proporciona alguns benefícios práticos também. Com o alinhamento da espinha e a abertura dos canais que percorrem o centro de seu corpo, sentar-se em postura ereta promove uma circulação de energia livre, que por sua vez, contribui para a vivacidade de todos os níveis — físico, mental e espiritual. Além do mais, é muito mais fácil sentar-se imóvel por longos períodos de tempo quando suas vértebras estão sobrepostas como uma pilha de tijolos, uma em cima da outra. Caso contrário, ao longo do tempo, a gravidade tem o hábito irritante de empurrar o seu corpo para baixo, contra o chão — e assim, causa as dores e os desconfortos tão comuns em um corpo em guerra contra as forças da natureza. Portanto, a maneira mais confortável para se sentar, no final das contas, é de forma ereta, que o coloca em harmonia com a natureza.

Você pode estar pensando que uma opção é se sentar contra a parede. Mas seu corpo tende a se curvar quando se apoia, mesmo que sutilmente, em qualquer direção; e o objetivo de fazer meditação é se apoiar em sua experiência direta, em vez de depender de algum suporte externo para "apoio". Quando se senta como uma montanha ou uma árvore, está fazendo uma afirmação: "Eu estou profundamente enraizado na terra".

O que fazer da cintura para baixo — e outras fantasias

Assim como uma árvore precisa estabelecer raízes profundas para que não caia ao se desenvolver, você deve achar uma posição confortável para a metade inferior do seu corpo, em que consiga permanecer por cinco, dez, ou quinze minutos — ou mais, se quiser. Após vários milênios de experimentações, os grandes meditadores criaram algumas posições tradicionais que parecem funcionar muito bem. Apesar de parecerem diferentes quando se olha, estas posições têm uma coisa em comum: a pélvis inclina-se um pouco para frente, acentuando a curvatura natural da parte inferior da coluna.

As posições descritas a seguir estão organizadas mais ou menos na ordem, da mais fácil para a mais difícil de fazer, embora a facilidade dependa do seu corpo e do seu grau de flexibilidade em particular. Por exemplo, algumas pessoas gostam logo de início da postura de *lótus* (cujo nome vem da semelhança com a planta). Além do mais, a lótus, embora difícil, tem algumas vantagens distintas e você pode se desenvolver para isso alongando o seu quadril com o uso dos exercícios de yoga descritos no tópico "Preparando Seu Corpo para Meditação", mais adiante neste capítulo. Acima de tudo, não se preocupe com qual parece mais legal; simplesmente experimente até encontrar a que melhor funciona para você.

Sentado em uma cadeira

Perceba que eu digo sentar e não se curvar (veja a Figura 7-2). O segredo para meditar em uma cadeira é posicionar suas nádegas um pouco mais altas que seus joelhos, o que faz com que a sua pélvis se incline para frente e ajude a manter a sua coluna ereta. As antigas cadeiras de madeira de cozinha funcionam melhor do que as estofadas; experimente pôr uma almofada pequena ou um pedaço de espuma debaixo de suas nádegas.

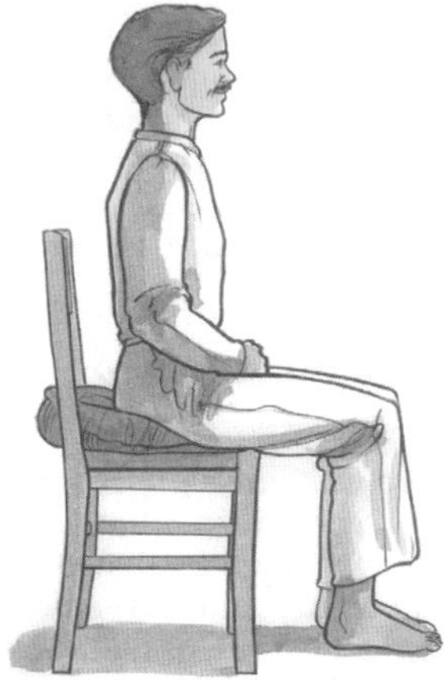

Figura 7-2: Se meditar em uma cadeira, reveja alguns hábitos antigos.

Ajoelhado (com ou sem um banquinho)

Esta postura é conhecida no Egito antigo e na tradição japonesa, onde ela é chamada de *seiza* (veja a Figura 7-3). Ajoelhar-se pode ser — bem, um esforço para os joelhos, a menos que tenha o suporte adequado. Tente colocar uma almofada debaixo das nádegas e entre os pés — ou use um banquinho feito especialmente para seiza, de preferência um que seja almofadado entre você e a madeira. Caso contrário, seus glúteos e outras partes podem ficar dormentes.

Postura fácil

Esta postura não é recomendada para períodos prolongados de meditação, pois não é muito estável e não auxilia para que a coluna fique ereta. Simplesmente sente-se em sua almofada com suas pernas cruzadas na sua frente, a postura de alfaiate. Acredite ou não, os alfaiates costumavam se sentar assim! Seus joelhos não têm que tocar o chão, mas sempre mantenha sua coluna o mais ereta possível.

Figura 7-3: Use uma almofada ou um banquinho para garantir que algumas partes não adormeçam.

Estabilize a postura colocando almofadas sob seus joelhos; aos poucos, diminua a altura das almofadas, conforme seus quadris ficam mais flexíveis (o que acontecerá naturalmente com o tempo). Quando seus joelhos tocarem o chão, você vai estar pronto para a posição Birmanesa ou de lótus (veja estas posições nos tópicos seguintes).

Esta posição pode ser uma alternativa temporária para aquelas pessoas que não conseguem fazer as outras posições descritas neste tópico, talvez por problemas de joelho, ou por não quererem meditar em uma cadeira por algum motivo.

Posição Birmanesa

Usada em todo o Sudeste Asiático, a posição Birmanesa (veja a Figura 7-4) implica em colocar ambas as panturrilhas e os pés no chão, um na frente do outro. Embora menos estável do que a posição de lótus, ela é muito mais fácil de executar, principalmente para iniciantes.

Figura 7-4: A postura Birmanesa é uma alternativa fácil e confortável de pernas cruzadas que é muito usada no Sudeste Asiático.

DICA

Para todas as posições de pernas cruzadas, primeiro dobre os joelhos, para depois abaixá-los para o lado e cruzar as pernas. Caso contrário, poderá machucar o joelho, que é feito para ser flexionado em uma única direção, diferente da junta articulada do quadril, que pode rodar para diferentes lados.

Um quarto de lótus

Exatamente como o meio lótus (veja o tópico seguinte), mas o seu pé fica sobre a panturrilha da perna oposta, em vez de ficar sobre a coxa (veja a Figura 7-5).

Meio lótus

O meio lótus é mais fácil de executar do que o famoso lótus completo (veja o tópico seguinte) e tem quase a mesma estabilidade (veja a Figura 7-6). Com as nádegas em uma almofada, coloque um pé sobre a coxa oposta e o outro pé no chão debaixo da outra coxa. Certifique-se de que ambos os joelhos encostem no chão e que sua coluna não pende para um lado. Para distribuir a pressão em sua coluna e pernas, lembre-se de alternar as pernas toda vez que se sentar, se possível — em outras palavras, a perna esquerda sobre a coxa e a direita no chão, daí a esquerda no chão e a direita sobre a coxa.

Figura 7-5: Como sugere seu nome, um quarto de lótus representa uma fração da dificuldade de sua postura equivalente mais ambiciosa, o lótus completo.

Figura 7-6: Para o meio lótus, tente, ao máximo, alternar suas pernas cada vez que se sentar.

Lótus completo

Tida como o Everest das posições de meditação (veja a Figura 7-1). Com suas nádegas em uma almofada, cruze o seu pé esquerdo acima de sua coxa direita com o seu pé direito acima de sua coxa esquerda.

Assim como sua parente mais próxima, a meio lótus, é recomendado alternar as pernas para que a pressão seja distribuída uniformemente.

A lótus completo vem sendo praticada no mundo inteiro por muitos milhares de anos. A mais estável de todas as posições, não tente fazê-la a menos que seja particularmente flexível — e mesmo assim sugiro que se prepare fazendo alguns dos alongamentos descritos mais adiante neste capítulo, no tópico "Preparando Seu Corpo para a Meditação".

Endireitando sua coluna sem ficar rígido como um cadáver

Quando já estiver acomodado em uma postura confortável, com sua pélvis levemente inclinada para a frente, concentre-se em deixar a coluna reta. É claro, *reta* é uma palavra imprópria para se referir à coluna, pois uma coluna saudável tem, na verdade, várias curvas distintas, uma na região lombar ou porção inferior das costas, outra na área torácica ou porção mediana das costas e uma terceira no pescoço ou coluna cervical.

Infelizmente, essas curvas naturais são geralmente agravadas pela exigência do uso de computadores e outros hábitos sedentários e aos poucos adquirimos o hábito de nos sentar envergado, com os ombros encolhidos para frente, a coluna superior contraída e seu pescoço e cabeça lançados para frente como um urubu — como estou sentado neste exato momento!

Talvez seja impossível reverter hábitos de postura como esses em apenas algumas sessões de meditação, mas experimente *esticar* a sua coluna — um termo mais preciso do que endireitar — e, aos poucos, mas efetivamente, vai moldando aquelas curvas da coluna de volta ao seu arco suave e natural. Comece a usar os novos hábitos de postura em outras atividades gentilmente corrigindo a postura ao dirigir ou se sentar à mesa, por exemplo.

Tente uma ou as três imagens a seguir para ajudá-lo a descobrir qual é a sensação de uma coluna ereta ou esticada. Não se preocupe em olhar no espelho ou se comparar com algum modelo ideal que tenha visto em livros (incluindo este). O importante é como se sente dentro do seu corpo. Você deveria se sentir centralizado, estável, assentado — e alinhado com a força da gravidade:

- **Suspendendo sua cabeça por um barbante:** imagine que seu corpo inteiro está suspenso no ar por um barbante amarrado ao topo de sua cabeça. Conforme sente o barbante puxando a sua cabeça para cima, observe como a coluna naturalmente se alonga, a pélvis se inclina para frente, o queixo retrai e a nuca se aplana um pouco.
- **Empilhando uma vértebra sobre a outra:** imagine que suas vértebras são tijolos que estão sendo empilhados, começando com a primeira na base da coluna. Sinta a sua coluna crescendo na direção do céu tijolo por tijolo, como um arranha-céu.
- **Sentando-se como uma montanha ou uma árvore:** imagine que seu corpo é uma montanha ou uma árvore com uma base ampla que se estende profundamente na terra e com um tronco ou um pico que avança na direção do céu (veja a Figura 7-7). Perceba como se sente estável, equilibrado, autossuficiente.

Figura 7-7: Esta é uma visão lateral de quando estica a sua coluna.

Zafus, banquinhos e outras parafernálias exóticas

Dependendo da tradição de meditação que explorar, vai encontrar uma série de dispositivos diferentes para meditar. Alguns yogis que conheço gostam de jogar no chão um pequeno saco retangular cheio de arroz antes para se sentarem e cruzarem suas pernas na postura da lótus completo. Muitos praticantes zen e outros budistas preferem as almofadas rechonchudas conhecidas como *zafus* ("almofadas de meditação" em japonês), geralmente combinadas com um colchonete quadrado recheado de algodão batido para dar mais peso, se necessário (veja a Figura 7-8).

Figura 7-8: Dê uma olhada neste aparato para meditação: zafu, colchonete de apoio e banquinho almofadado.

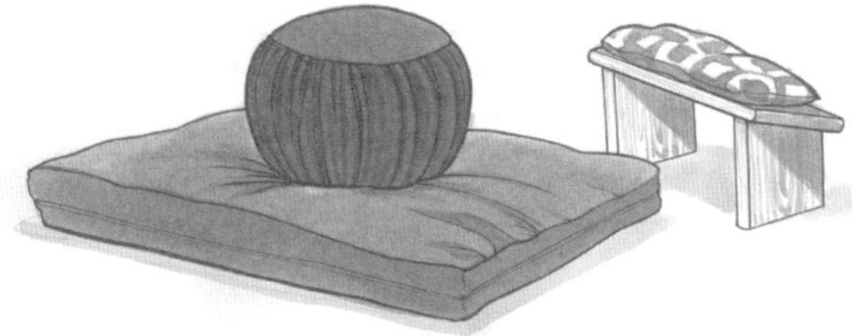

Os zafus se infiltraram em todos os salões de meditação de todas as linhagens espirituais, dos Sufis e Budistas aos monges Cristãos (veja o Capítulo 3 para mais informações sobre os Sufis). Os zafus são geralmente recheados com *paina*, que são fibras sedosas naturais que mantêm o formato, mesmo com o uso constante. Mas já vi zafus pesados com recheio de cascas de fagópiro ou algodão batido e até mesmo alguns grossos e retangulares preenchidos com espuma de poliuretano dura.

DICA

Antes de comprar um zafu, experimente formatos e tamanhos diferentes, observando o conforto, a estabilidade e a altura. Você deve conseguir se sentar de maneira que ambos os joelhos toquem o chão, se possível, e que sua pélvis incline levemente para frente.

Se gosta de ajoelhar, tente meditar em um zafu ou outra almofada convenientemente posicionada no chão entre suas pernas, ou use um dos banquinhos para meditação desenhados exclusivamente para este propósito. Novamente, experimente antes de comprar. Se prefere sentar em uma cadeira, escolha uma com um estofado firme e encosto reto — não uma daquelas poltronas fofas onde normalmente nos jogamos para relaxar e viajar. Só verifique se suas nádegas estão um pouco acima de seus joelhos.

Quatro posições consagradas de meditação — e mais algumas

Se não conseguir repousar confortavelmente em uma das posições de meditação, a solução talvez seja a tradição budista, que oferece quatro alternativas igualmente aceitáveis para meditação formal:

- Sentado
- De pé
- Caminhando
- Deitado

Preparando Seu Corpo para a Meditação

Caso consiga sentar para meditar por dez ou quinze minutos todos os dias sem desconforto, parabéns! Não precisará gastar tempo extra aprendendo como alongar e fortalecer o seu corpo — a menos que queira muito.

Mas se é como a maioria das pessoas, cedo ou tarde seu corpo começará a clamar por sua atenção. Por exemplo, poderá perceber que a meditação regular faz com que suas costas, às vezes, ficam enrijecidas. Ou pode tentar uma das mais desafiadoras posições de perna cruzada — simplesmente para descobrir que suas pernas não são tão flexíveis quanto imaginava.

Algumas posições bem direcionadas do hatha yoga podem ser muito benéficas para você — e tornar a meditação muito mais confortável também! Se estiver interessado em saber mais sobre yoga, tente o *Yoga Para Leigos*, de Georg Feuerstein e Larry Paine. Qualquer que seja a posição que escolher, vai tirar melhor proveito se sua coluna inferior for flexível e forte o suficiente para sustentá-lo sem reclamar. E se prefere cruzar as pernas, verá que alongar seus quadris faz com que tenha mais estabilidade e muito menos pressão nos joelhos ao sentar.

Postura da Cobra

Assim chamada por sua semelhança com a graciosa serpente, este asana proporciona um ótimo alongamento para a parte de trás de sua coluna — e um antídoto para o mau hábito de se inclinar para a frente. Em vez de começar com (e possivelmente arquear) a coluna inferior, lembre-se de começar o alongamento em sua coluna superior e gradualmente estenda para a parte de baixo da coluna (veja a Figura 7-9).

Figura 7-9: Para remediar a postura curva, pratique levantar sua coluna superior, como uma cobra.

Para tirar os benefícios deste alongamento, faça assim:

1. **Deite com o rosto para baixo e a testa encostada no chão.**
2. **Posicione as suas mãos abaixo de seus ombros com a ponta de seus dedos apontando para a frente, com as mãos alinhadas com os ombros.**
3. **Recolha seus cotovelos fazendo com que seus braços toquem as laterais de seu torso.**
4. **Mantenha seus pés juntos e pressione suas pernas e coxas contra o chão.**
5. **Afaste vagarosamente seu peito do chão, levantando e estendendo as costas, começando pela coluna superior, com sua cabeça e pescoço alinhados com sua coluna.**

   No começo, poderá achar que seu peito não se levantará alto o bastante, mas não force de maneira alguma. Suas costas se tornarão mais flexíveis aos poucos.

6. **Mantenha seus ombros relaxados, empurre gentilmente seu peito para cima e para frente e abra seu abdômen enquanto pressiona seu púbis contra o chão.**
7. **Respire fundo e suavemente, mantendo esta postura por 10 a 15 respirações completas.**
8. **Conforme expira, lentamente desfaça a postura, vértebra por vértebra, até que você esteja novamente deitado com o rosto para baixo e a testa encostada no chão.**
9. **Vire sua cabeça para um lado e relaxe completamente.**

Postura da Borboleta

Instigante especialmente para corredores e outros atletas, esta postura alonga a parte interna da coxa, virilha e quadril. E como sugere a figura da posição, ela gradualmente abre suas "asas" e facilita seus joelhos encostarem ao chão nas posições de pernas cruzadas (veja a Figura 7-10).

Alongue desta forma:

1. **Sente no chão com suas pernas estendidas à sua frente.**

   Se você tiver dificuldades para manter a sua coluna reta, coloque uma almofada pequena embaixo de suas nádegas para que sua pélvis incline levemente para frente.

2. **Dobre seus joelhos e junte as solas dos pés, deixando o lado de fora dos pés encostados no chão.**
3. **Junte as duas mãos segurando em ambos os pés, puxe seus calcanhares na direção da virilha e pressione gentilmente seus joelhos contra o chão enquanto estende a sua coluna.**

   Sinta o alongamento em sua virilha, coxas, quadris e coluna inferior. Resista à tentação de balançar ou forçar as suas pernas. Se seus joelhos ficarem para cima, não se preocupe. É mais importante manter a sua coluna reta do que encostar seus joelhos no chão.

4. **Mantenha o alongamento por 5 a 10 respirações, respirando profundamente pelo abdômen.**
5. **Conforme respira, solte seus pés, estenda suas pernas em sua frente e relaxe.**

Figura 7-10: Mostre-se à altura do desafio: alongue suas coxas e virilha.

Alongamento do Bebê (virilhas e quadris)

Como o próprio nome sugere, segure as pernas em seus braços como se fosse um bebê, alongando e abrindo seus quadris no processo (veja a Figura 7-11). Certifique-se de levantar a sua perna devagar e suavemente — lembre-se de que está alongando, não se contorcendo.

Figura 7-11: Balance gentilmente as suas pernas de um lado para o outro, para abrir seus quadris.

LEMBRE-SE

Dez passos rápidos para preparar seu corpo para a meditação

Esta conveniente lista fornece um sumário de fácil uso dos passos descritos em detalhes previamente neste capítulo:

1. **Acomode as pernas.**
2. **Estique a coluna.**
3. **Balance o corpo de um lado para outro como um pêndulo.**
4. **Balance o corpo para frente e para trás.**
5. **Incline levemente a pélvis para a frente e relaxe o abdômen.**
6. **Retraia levemente o queixo de leve.**
7. **Repouse a língua no céu da boca e respire pelo nariz, se possível.**
8. **Repouse as mãos sobre as coxas ou o colo.**
9. **Relaxe o corpo da cabeça aos pés, desprendendo-se ao máximo de qualquer tensão ou desconforto.**
10. **Comece sua meditação.**

Note, conforme segue com seu dia, como este movimento sutil afeta seu humor e sua perspectiva de vida.

Siga estas instruções com a mesma atenção de uma mãe amorosa:

1. **Sente-se no chão com suas pernas estendidas à frente.**
2. **Dobre um joelho, gire sua coxa para o lado e segure a perna inferior em seus braços. Mantendo suas mãos unidas, deixe seu joelho apoiado na dobra de um cotovelo e o pé na dobra do outro.**
3. **Mantendo a sua coluna estendida e a cabeça ereta, balance gentilmente a perna de um lado para outro na horizontal, fazendo a rotação em seu quadril.**
4. **Continue balançando por 5 a 10 respirações, respirando intensa e suavemente; então abaixe delicadamente a sua perna da mesma forma que a apanhou e faça o mesmo com outra.**

Capítulo 8

Onde Meditar, o Que Vestir e Outras Coisas Úteis

Neste Capítulo

- Permanecendo aquecido, ficando confortável e a "moda da meditação"
- Encontrando tempo em sua agenda cheia lotada para meditar
- Cronometrando suas meditações: tudo o que precisa saber
- Lidando com comida, bebida e seus vícios favoritos
- Criando o ambiente ideal para ajudar na prática da meditação

Tentar contar sua respiração em um aeroporto cheio ou em um escritório barulhento pode ser um desafio divertido, é claro, mas você se aprofundará mais rápido em um lugar tranquilo que seja especificamente destinado à meditação.

Pode sonhar em passar uns tempos em um ashram ou alguma outra comunidade espiritual onde tudo seja feito de forma conveniente e tudo o que precisa fazer é meditar, comer e dormir. Estes lugares existem e você pode ter a sorte de encontrar um. Mas se as circunstâncias de sua vida não permitem que se ausente por uns tempos, talvez tenha que criar o tempo e o espaço para a meditação usando a matéria-prima de sua vida movimentada. É por isso que escrevi este capítulo.

Nestas páginas, descobrirá como escolher o lugar ideal para a sua meditação, adquirirá algumas orientações para determinar quando e quanto tempo meditar e aprenderá algumas dicas para criar um altar para lhe inspirar.

O Que Vestir: Escolha o Conforto Antes da Moda

Conjuntos esportivos geralmente proporcionam uma boa condição para meditar. Se gosta de ficar na moda, compre uma calça de pano elegante, mas confortável, disponível em várias cores e tecidos.

Tendo em vista que a temperatura do corpo e a pressão sanguínea tendem a cair durante a meditação, você pode sentir mais frio do que o normal. Então, tenha sempre uma blusa ou uma manta de lã por perto para se agasalhar.

Quando Meditar: Qualquer Hora é a Hora Certa

Primeira coisa ao acordar

Tradicionalmente, a primeira ou as duas primeiras horas depois que acordar — de preferência ao nascer do sol — é considerado o melhor momento para meditar. Sua mente-corpo estão frescos e energizados pela boa dormida e você ainda não começou a se preocupar com seus problemas e preocupações habituais. Como consequência, talvez ache mais fácil se focar e ficar presente. Meditando logo ao acordar, você também define o curso do resto do dia e pode levar a paz de espírito gerada para as outras atividades.

Antes de dormir

Se fica grogue quando levanta ou tem que acelerar o ritmo assim que seus pés tocam o chão, tente meditar à noite, antes de dormir. É uma ótima forma de se preparar para dormir, pois permite que sua mente se acalme naturalmente e faça com facilidade a mudança do modo acordado para o modo de repouso. Meditadores que costumam praticar na hora de dormir, geralmente, dizem que seu sono é mais tranquilo e que precisam de menos horas de sono.

É claro, o lado negativo é que você pode achar que está muito cansado ou estressado para meditar no final do dia — e pode acabar preferindo uma banheira quente ou assistir televisão. Mas quando pegar o hábito, vai perceber que meditar todas as noites é uma excelente opção com algumas vantagens distintas e exclusivas.

Hora do almoço e intervalos para café

Se você tem seu próprio escritório e um horário reservado para almoço ou café — ótimo, pois cada vez mais as pessoas comem às pressas nos dias de hoje —, tente trazer sua comida de casa ou antecipar seu café e passe o resto do tempo meditando. Você pode até reservar um lugar especial em seu escritório — incluindo um altar, se realmente tiver interessado.

Enquanto espera por suas crianças e em outros previsíveis momentos ociosos

Se você é como muitos pais, passa horas toda semana levando seus filhos de um lugar para outro — e sentado no carro ou fazendo hora enquanto espera por eles. No lugar de pegar uma revista ou assistir as notícias, tente meditar (pode usar o mesmo método na sala de espera do médico ou dentista). Pode não ser o melhor ambiente e sua postura pode não ser a ideal, mas veja bem — é um tempinho ocioso e precioso. Use-o com sabedoria.

Quanto Tempo Meditar: De Rapidinhas a Demoradas

A meditação se assemelha ao sexo em vários aspectos e este é um deles: a preferência por uma sessão rapidinha ou uma longa e lenta meditação. Se você não tem meia hora, então disponibilize alguns minutos. Meditar por cinco ou dez minutos todos os dias é muito melhor do que meditar uma hora por semana — embora possa querer fazer os dois. Assim como todas as orientações neste livro, experimente as diferentes opções encontrar uma que se encaixa melhor para você.

Relógios digitais são um meio preciso e barato para cronometrar suas meditações com precisão sem ter que olhar para o relógio. Se quiser, também pode sinalizar o começo e o final de sua meditação com o som de um sino, como é feito em muitas culturas tradicionais.

TOQUE ISSO!

Meditação enquanto caminha

Em alguns monastérios Zen, caminhar meditando se parece mais com uma forma consciente e contida de correr. Em áreas do Sudeste Asiático, o movimento pode ser quase imperceptível. Esta é uma abordagem mais moderada, que pode ser praticada não somente entre os períodos de meditação em repouso, mas também sempre que se quiser desacelerar um pouco e prestar atenção em como está caminhando.

1. **Comece caminhando em seu ritmo habitual, acompanhando a sua inspiração e expiração conforme caminha.**
2. **Sincronize a sua respiração com seus passos.**

   Por exemplo, três passos a cada inspiração e três passos a cada expiração – o que é bem mais devagar do que a maioria das pessoas anda, como pode notar. Se quiser mudar a velocidade de sua caminhada, basta mudar o número de passos por respiração. Mas mantenha o mesmo ritmo toda a vez que caminhar. Se suas inspirações e expirações têm duração diferente, simplesmente adapte-se a sua caminhada de acordo com elas.
3. **Além de sua respiração, fique atento ao modo como levanta e movimenta seus pés e pernas.**

   Observe o contato de seus pés com o chão. Fixe seu olhar à sua frente, com seus olhos para baixo em um ângulo de 45°. Fique relaxado, tranquilo e confortável enquanto caminha.
4. **Divirta-se com sua caminhada ritmada e consciente, pelo tempo que quiser.**

   Se sua atenção dispersar ou se você começar a acelerar, foque sua atenção suavemente para a caminhada.

Cinco minutos

Se for iniciante, alguns minutos podem parecer uma eternidade, então comece devagar e aumente o tempo de suas meditações conforme o seu interesse e satisfação mandarem. Talvez descubra que até o seu corpo se acomodar e começar a focar em sua respiração seu tempo já acabou. À medida que sua prática evolui, verá que até mesmo cinco minutos podem ser indescritivelmente refrescantes.

De dez a quinze minutos

Se for como a maioria das pessoas, vai precisar de vários minutos no começo da meditação para se acomodar, mais alguns minutos para se envolver no processo e mais vários minutos no final para se reorientar — o que significa que dez ou quinze minutos é um tempo um pouco apertado para aprofundar a sua concentração e expandir a sua consciência.

DICA: Quando chegar a este ponto, tente manter uma média de quinze minutos por dia durante várias semanas e veja como o seu poder de concentração evolui.

De vinte minutos a uma hora

Quanto mais tempo se medita, mais tempo se tem entre as preliminares e os finalmentes para se chegar a um estado de mente solto e relaxado. Se tiver motivação e conseguir encontrar tempo, não hesite em dedicar vinte minutos, quarenta minutos ou uma hora de meditação por dia. Você vai notar a diferença — e entenderá por que a maioria dos professores de meditação recomenda meditar durante este período de tempo sem parar. Talvez este seja o intervalo de atenção do ser humano — veja o exemplo da famosa hora de cinquenta minutos das sessões de psicoterapia e o tempo ideal da maioria dos seriados da televisão.

LEMBRE-SE: Manter a sua prática consistente e regular é melhor do que dar tudo de si em um dia e daí não fazer mais nada pelo resto da semana.

O Que Comer e Beber Antes de Meditar – e o Que Evitar

DICA: Grandes refeições podem deixá-lo pesado, principalmente quando contêm muitos carboidratos, então coma pouco ou nada antes de meditar. Ou espere pelo menos uma hora depois de uma refeição reforçada. Talvez considere até seguir a tradicional orientação Zen de comer até que esteja dois terços cheios, em vez de comer até não caber mais — o que também pode ser uma boa coisa para aqueles quilinhos a mais.

Quanto a beber (e fumar), aqui estão algumas sugestões: até conheço meditadores experientes que gostam de beber uma xícara de cappuccino antes de meditar e pelo menos um mestre Zen que criou o hábito de meditar logo ao acordar quando bebeu muito saquê na noite anterior. Mas como via de regra, abster-se de substâncias alteradoras de mente (por exemplo, café, álcool, tabaco, maconha e outras drogas recreativas) antes de meditar é a melhor pedida.

Conforme sua prática aumenta e os benefícios de estar presente e focado se tornam perceptíveis, em vez de viajando dopado, pode ser que, naturalmente, doses diminuam. Aliás, você pode descobrir que a meditação o torna mais sensível em relação ao seu estado mental e proporciona um "barato" natural que deixa essas substâncias desnecessárias ou obsoletas. E se a sua principal motivação para meditar é reduzir o estresse ou melhorar a saúde, pode achar uma boa ideia se abster completamente de sua substância favorita. Acredite ou não, ceder aos desejos só aumenta a carga de estresse que você já tem.

Onde Meditar: Criando um Espaço Sagrado

Talvez você já tenha visto aquelas pinturas chinesas em que um sábio barbudo vestindo um manto largo está meditando em profunda contemplação na base de uma majestosa montanha com uma cachoeira trovejando perto dele. Talvez até tenha momentos em que quisesse se tornar aquele sábio, desaparecer nas montanhas e meditar em silêncio e na simplicidade pelo resto de seus dias. Infelizmente, a vida hoje em dia não nos ajuda a realizar estas fantasias!

Meditando na natureza

Como já deve ter percebido, o mundo na natureza tem uma capacidade incomparável de relaxar seu corpo e acalmar a sua mente. Seja na beira da praia ou caminhando em meio a árvores e rochas, não é preciso qualquer esforço para que sinta sua mente acalmar, suas preocupações se dissiparem, sua respiração ficar intensa e lenta, sua atenção desaparecer e seu coração se encher de gratidão e amor.

Como espécie, nós evoluímos no mundo natural e as plantas e animais têm nos ensinado como meditar desde que ganhamos pernas para cruzar. Quando meditamos na natureza, estamos no lugar que pertencemos e o sossego e a familiaridade que sentimos nos convidam a retornar ao nosso verdadeiro lar interior, nossa mais íntima "natureza". É fascinante e conveniente que as palavras sejam as mesmas! Entrar em um ambiente natural pode manter a sua mente nos trilhos, fazendo com que sinta a presença de algo mais profundo e significativo.

Por que é melhor usar o mesmo lugar?

Assim como ajuda ter hora marcada para meditar, existem vantagens claras em meditar no mesmo local todos os dias, em vez de mudar de um lugar para outro. Entre elas:

- **Menos distrações:** como principiante, você já tem muitas distrações para enfrentar, tanto internas, quanto externas. Por que adicionar todas as nuances de uma constante mudança de ambiente?
- **Vibrações boas:** quanto mais frequentemente se medita ali, mais se deposita uma boa energia no lugar e nos arredores — suas boas vibrações, se preferir.
- **Memórias de paz:** quando tiver escolhido seu local, começará a associá-lo com a meditação, principalmente se mantém o seu altar ou seu equipamento de meditação ali.

Como escolher o lugar certo

DICA

Se for desses que dividem um apartamento pequeno com a pessoa amada ou um amigo, ou sua família dominou cada metro quadrado de espaço útil em sua casa, não hesite em escolher um canto vago e torná-lo seu. Se tiver mais liberdade de movimento, estas são orientações para a escolha de um lugar. E lembre-se de que um cantinho mais modesto que satisfaça estes critérios é bem melhor do que um local espaçoso que não contribua em nada.

- **Afastado da área de tráfego:** você sabe quais são as áreas de grande tráfego em sua casa, então, certifique-se de evitá-las.
- **Longe do trabalho:** se trabalha ou mantém um espaço para trabalhar em casa, mantenha-o longe de vista — e da mente — quando estiver meditando. E lembre-se de desligar seu telefone!
- **Relativamente calmo:** principalmente se morar em área urbana, você não será capaz de eliminar os usuais barulhos no fundo. Mas evite um local em que possa ouvir conversas, principalmente, entre pessoas conhecidas suas, ou os sons da TV, rádio, músicas conhecidas e outras distrações comuns.
- **Não tão escuro, nem tão claro:** meditar em um lugar claro, ensolarado, pode ser muito estimulante e uma distração, assim como meditar no escuro pode fazê-lo dormir.
- **Que tenha ar puro:** como o assunto aqui é respiração, é muito bom ter um suprimento de ar puro ao meditar. E evite porões bolorentos ou quartos sem janela; além de serem nocivos para sua saúde, eles tendem a diminuir a sua energia (junto com seu nível de O_2), e assim, embalar o seu sono.
- **Perto da natureza:** se a janela do lugar onde você medita não tem vista para uma árvore ou um jardim, é uma boa ideia ter uma planta ou um vaso cheio de flores ou algumas pedras por perto. Não que você vá ficar olhando para elas enquanto medita, mas objetos naturais irradiam uma energia especial própria que ajuda em sua prática.

Como montar um altar – e por que se dar ao trabalho

Embora um altar não seja essencial na meditação, ele pode ser uma expressão criativa e em constante evolução de sua vida interior, um reflexo de suas mais profundas aspirações, valores e crenças. Olhar para o seu altar antes de meditar pode fazer com que inicie a caminhada para a dimensão espiritual de ser — ou simplesmente lembrá-lo do porquê está aqui: para desenvolver a concentração, relaxar, abrir seu coração, tratar de sua saúde. Estes são alguns dos ingredientes principais que aparecem na maioria dos altares (veja a Figura 8-1); sinta-se à vontade para improvisar e adicionar ou subtrair itens conforme julgar necessário:

- Sinos
- Velas
- Flores
- Incenso
- Objetos naturais
- Imagens (da natureza ou pessoas inspiradoras)
- Textos sagrados
- Estátuas (de pessoas inspiradoras)

Figura 8-1: Use um altar para inspirar a sua meditação.

Algumas tradições recomendam que apelem a todos os sentidos — motivo pelo qual são usados incenso, sinos, flores, velas, que são os itens principais em muitos altares domiciliares. Em particular, a fragrância de seu incenso favorito pode rapidamente se tornar em seu cérebro uma associação com meditação, fazendo com que relaxe um pouquinho sempre que sentir esse cheiro.

Capítulo 9

Abrindo Seu Coração: Amor, Compaixão e Perdão

Neste Capítulo

- Os prós e os contras de abrir seu coração
- Explorando seu "ponto fraco" e as afáveis emoções dentro dele
- Direcionando seu amor para si próprio (a parte mais difícil!) e para outros
- Algumas excelentes técnicas para cultivar compaixão
- Limpando suas "artérias" com perdão e gratidão

Talvez esteja imaginando por que dediquei um capítulo deste livro ao coração. Afinal, não é verdade que a meditação envolve sentar-se em repouso e focar a mente, enquanto os assuntos do coração dizem mais respeito a um encontro romântico e discussões familiares íntimas?

Bem, as grandes tradições meditativas ensinam que podemos cultivar a energia do coração na meditação da mesma forma que cultivamos a consciência (para mais informações sobre consciência, veja o Capítulo 1). Se isso toma a forma de amor, alegria, paz, compaixão ou devoção, você pode consciente e deliberadamente gerar e expandir esta energia para criar um campo que beneficia não só a você, mas também as pessoas a sua volta.

Assim como a luz do sol, a radiação de um coração aberto aquece e nutre todo mundo que toca. Mas o coração, como o sol, é geralmente fechado e obscuro por nuvens na forma de emoções e estados mentais difíceis, como medo, raiva, julgamento e dúvida. Quando pratica a meditação, gradualmente dissipa algumas dessas nuvens tranquilizando e acalmando sua mente agitada . Você também pode trabalhar diretamente para revelar as histórias negativas de sua mente e lidar com as emoções desafiadoras. Pode também usar o método que descrevo neste capítulo: ele extermina as nuvens aumentando o calor de seu coração por meio de práticas feitas para cultivar o amor e a compaixão.

Antes de mostrar como fazer isso, entretanto, gostaria de levá-lo a um tour pelo território. Sim, eu sei que você sabe onde fica o seu coração. Mas já o explorou com atenção focada? Sabe o que faz com que ele se feche — e o que o mantém fechado? E alguma vez já levou em consideração todas as formas de benefício que você pode ter ao abri-lo? Estas são algumas respostas.

Como Seu Coração se Fecha – e Como Você Pode Abri-lo Novamente

Não é preciso dizer que você não nasceu com seu coração fechado. Como qualquer pessoa que já passou algum tempo com um recém-nascido sabe, bebês têm um coração que irradia amor como o sol nos trópicos. Mas ao crescer, os tombos e as dificuldades da vida gradualmente o forçam a proteger sua ternura e outras emoções delicadas com uma camada de tenacidade e defesa — as nuvens de que falei previamente. Esta camada cerca e confina seu coração, protegendo a sua vulnerabilidade — mas também mantém o seu amor próprio trancado dentro dela e o amor de outras pessoas impossibilitado de entrar.

Talvez você seja um daqueles raros indivíduos cujo coração permanece aberto na maior parte do tempo. Se for, parabéns! Ou talvez prefira se envolver em uma coberta de nuvem — ou algo ainda mais denso, como uma armadura — quando sai pela porta todas as manhãs, mas a deixa de lado quando está do lado de amigos ou familiares. Talvez seu coração se abra e se feche naturalmente, como o clima. Talvez, ainda, esteja entre as milhões de pessoas que têm dificuldade em deixar o amor entrar ou se expandir até os outros.

Alguns fatores que continuam fechando seu coração

- **Medo:** ao sentir medo, por qualquer motivo — de ser atacado, criticado, manipulado, sobrecarregado —, você fecha seu coração como forma de autodefesa. Como diz um conhecido slogan, "o amor é se desapegar do medo e aprender a confiar tanto em si mesmo quanto nos outros".
- **Ressentimento:** ao se apegar a velhas mágoas e deixar que a amargura e o ressentimento cresçam em seu coração, ele se fecha não só para as pessoas que o magoaram, mas também para a vida em si.
- **Sofrimento mal resolvido:** esta emoção natural e humana pode ficar presa a você se continuar remoendo suas perdas e se recusar a deixar o passado para trás. Quando a tristeza toma seu coração, você reluta em abri-lo porque não quer sentir a dor dentro dele.
- **Inveja:** a inveja, na verdade um tipo de ressentimento, pode fechar seu coração para a pessoa que tem o que você gostaria de ter — e também para você, por sentir-se "inferior" de alguma forma.
- **Dor:** também conhecida como mágoa, este sentimento, se elevado para níveis intoleráveis, pode fazer com que feche completamente a porta do seu coração e coloque uma placa dizendo: "Mantenha distância! Não entre!"
- **Ambição e obsessão:** enquanto estiver emocionalmente obcecado em entender a vida de determinada forma, vai fechar o seu coração sempre que outra pessoa interferir. Na realidade, emoções como a tristeza, a dor e até mesmo o ressentimento, são, no fim das contas, enraizadas na obsessão — e no medo de perder aquilo em que está obcecado.

- **Apego próprio:** se acredita ser um indivíduo isolado de outras pessoas e de seu ser essencial, vai se apegar a seu próprio mundinho — suas próprias posses, seus próprios feitos, sua própria felicidade — e fechar seu coração, se necessário, para defender isto. Também conhecido como *ego* em muitas tradições meditativas, ou autoapego, ele perpetua a separação e dá origem aos outros fatores desta lista.

É claro que somente a pessoa mais iluminada e altruísta consegue manter o coração sempre aberto. Quero dizer, estamos falando aqui de Jesus ou madre Teresa! Quanto ao resto de nós, iremos continuar fechando nossos corações repetidamente. Somente quando dissolvermos as barreiras que nos separam uns dos outros — que é toda a ideia da iluminação — conseguiremos manter nossos corações abertos mesmo nas mais difíceis circunstâncias.

Mas iluminado ou não, você pode definitivamente desenvolver a habilidade de abrir o seu coração quando bem entender. Na verdade, a prática regular de meditação desgasta aos poucos a sensação de separação que faz com que o coração fique fechado em primeiro lugar (para mais informações sobre separação, veja o Capítulo 5). Quem sabe? Um dia você pode abrir seu coração e nunca mais fechá-lo!

LEMBRE-SE

A bondade é a chave

Embora o cultivo de um coração aberto definitivamente mereça um capítulo próprio, é tradicionalmente considerado a base em que repousa a meditação e não uma técnica ou método separado.

Para estar aberto a todo momento, por exemplo, como ensina a meditação de atenção plena, você precisa se abrir em todas as dimensões de seu ser: corpo, mente, alma e coração. Então, lembre-se de trazer um pouco de amor e carinho para sua meditação – principalmente por si mesmo!

Bons motivos para mantê-lo aberto

Imagine que um extraterrestre pouse na Terra e tente compreender a nós, seres humanos, a partir da nossa música pop. Ele provavelmente chegaria à conclusão de que consideramos amor (seja isso o que for!) infinitamente mais precioso do que todo o resto combinado. Mas, uma vez que o ET descubra uma forma de medir o amor, ele vai se surpreender com o quão pouco desta inestimável substância realmente flui entre nós na maior parte do tempo. Amor, deduziria o ET, sem sombras de dúvida, não somente é precioso, mas incrivelmente difícil de encontrar.

Cultivando o carinho e sentimentos amorosos, você consegue proporcionar a si mesmo o alimento que procura. Ao mesmo tempo, ao irradiar tais sentimentos para os outros, consegue tocar as partes mais delicadas do seu coração e naturalmente provocar os mesmos sentimentos nele, criando uma corrente de amor que continua circulando em você.

LEMBRE-SE

Estes são alguns dos incontáveis benefícios de aprender a amar:

- **Energia e expansão:** em vez da ideia comum de limitação que sente normalmente, há um sentimento de ausência de barreiras, de onde você termina e começa o mundo fora de você.
- **Paz e bem-estar:** quando seu coração está cheio de amor, você se sente feliz e em paz sem motivos externos. Na verdade, *amor*, *felicidade*, *alegria*, *paz* e *bem-estar* são só nomes e versões diferentes da mesma energia base — a energia amorosa e revigorante do coração.
- **Boa saúde:** sim, o amor é revigorante e melhora a vida. Dean Ornish, médico e autor de *A Dieta de Salvando Seu Coração*, descobriu que o amor é mais importante do que qualquer outro fator no processo de cura, incluindo dieta e exercícios. Para curar seu coração, você precisa abri-lo.

- **Integração e interconectividade:** como diz uma música antiga, o amor faz o mundo girar — e certamente une as pessoas e as mantêm conectadas. Quando você abre seu coração para os outros, naturalmente se sente ligado a eles de forma significativa. No sentido mais profundo, o amor é a fonte de todos os significados de integração.
- **Despertar espiritual:** à medida que os sentimentos amorosos enfraquecem sua sensação de separação com os outros, eles podem, eventualmente, revelar a natureza essencial da vida, que é, paradoxalmente, também o amor. No fundo, ensinam os Sufis, estamos simplesmente procurando o amor que nos procura.

Descobrindo o seu "ponto fraco"

Um de meus professores, o mestre de meditação tibetano Sogyal Rinpoche, costumava se referir ao lugar dentro da gente, onde sentimos ternura, emoções amorosas, como um *ponto fraco*. Ele pode ser encontrado em seu coração, debaixo de toda dureza e atitude defensiva. Para alcançá-lo, você tem que se arriscar em encontrar sentimentos que seriam evitados, como o medo, a tristeza, a raiva e outros mencionados previamente neste capítulo.

Você reconhecerá o seu ponto fraco quando chegar lá, pois existe uma doce ternura nele, em geral com um quê de tristeza ou melancolia em relação à condição humana (na verdade, você pode achar um pouco doloroso abrir o seu coração no começo, simplesmente por causa desta tristeza, que nada mais é do que uma das sementes da compaixão).

Como você precisa conhecer bem o seu ponto fraco para que possa praticar as meditações fornecidas no restante deste capítulo, experimente o seguinte exercício:

1. **Comece fechando seus olhos. Respire fundo algumas vezes e relaxe o seu corpo um pouco a cada expiração.**
2. **Imagine o rosto de alguém que você amou muito quando criança, cujo amor o tocou profundamente.**
3. **Relembre de uma ocasião específica na qual esta pessoa demonstrou seu amor por você e em que você se permitiu recebê-lo e cultivá-lo.**

4. **Note os sentimentos suaves, carinhosos que esta memória provoca em seu coração.**

   O lugar onde os sente é o seu ponto fraco.

5. **Note se outros sentimentos acompanham o carinho e a gratidão que sente.**

6. **Se tiver dificuldade em sentir novamente o amor, preste atenção no que o está bloqueando.**

   Quais sentimentos estão protegendo o seu ponto fraco?

7. **Comece a explorar os arredores de seu ponto fraco.**

   Como está seu coração neste instante? Quais outros sentimentos se agitam dentro de você, junto com o (ou em vez do) amor? Sente alguma atenção ou energia em torno de seu coração, que impede que ele se abra?

8. **Tenha consciência do que encontrar, sem julgamento ou autocrítica.**

MEDITAÇÃO

Dando valor a sua própria bondade

Se tiver dificuldade em estender estes sentimentos amáveis para si mesmo, talvez queira usar cinco ou dez minutos para refletir sobre suas boas qualidades e as coisas que fez em sua vida. Vá em frente, não vai doer!

No Ocidente, temos um tabu cultural contra autoelogios. Geralmente tocamos nos defeitos, que nos faz encolher e ter medo. "O orgulho precede a queda", nos desaprova o velho ditado, sugerindo que devêssemos tomar cuidado, porque qualquer satisfação que tenhamos em relação a nossos feitos poderia nos destruir. "Quem você pensa que é?" profere aquela voz da infância de um pai ou uma mãe irritada, inconscientemente ensinando vergonha e insegurança.

A despeito do que seus pais (ou outras pessoas influentes) possam ter dito, não há problema em ser feliz e estar bem consigo mesmo. Ao focar a sua bondade, você gera sentimentos positivos, expansivos, que acalentam todos a sua volta e a você mesmo. "Alegria", disse o Buda, "é a porta para o nirvana".

Como Gerar Amor por Você e pelos Outros

Como mencionei anteriormente, você tem uma fábrica de amor bem em seu coração. Agora vai tentar descobrir como usá-la! Quando criança, provavelmente recebeu um monte de conselhos sobre como usar a sua mente. Seus professores ensinaram como resolver problemas matemáticos e a memorizar fatos; seus pais podem tê-lo ajudado com sua lição de casa; talvez você até tenha lido algo sobre leitura dinâmica ou de aprimoramento de seus hábitos de estudo. Mas alguém já se sentou ao seu lado e lhe explicou como amar? Claro, você tinha modelos exemplares — mas eles lhe ensinaram como fazer o que eles fizeram? Neste tópico, vai aprender algumas habilidades que nunca estudou em casa ou na escola.

Abrindo os portões

TOQUE ISSO!

As etapas seguintes são uma meditação para se conectar com seu ponto fraco e iniciar a corrente de amor incondicional, também conhecida como *bondade* (para distinguir este tipo de amor do amor condicional, imagine o amor de uma boa mãe com seu bebê. Ela dá seu amor livre e incondicionalmente, sem esperar nada em troca, exceto a felicidade e o bem-estar dele). Como em todas as meditações apresentadas neste capítulo, comece com cinco ou dez minutos com uma prática de atenção plena, como contar ou acompanhar a sua respiração (veja o Capítulo 6, ou ouça a faixa da atenção plena).

1. **Comece fechando seus olhos, respirando fundo umas vezes e relaxando o seu corpo um pouco a cada expiração.**
2. **Imagine o rosto de alguém que o amou muito quando criança e cujo amor o tocou profundamente.**
3. **Relembre de uma ocasião na qual esta pessoa demonstrou amor por você e em que você realmente o acolheu.**
4. **Note os sentimentos de gratidão e o amor que essa memória provoca em seu coração.**
5. **Estenda gentilmente estes sentimentos para esta pessoa amada.**

Você pode até sentir a circulação de amor entre vocês dois conforme dá e recebe o amor livremente.

6. **Permita que estes sentimentos de amor transbordem e gradualmente se expandam por todo seu ser.**

   Deixe que o amor preencha-o por completo.

Direcionando o fluxo

Quando iniciar o fluxo de amor, poderá canalizá-lo, primeiro para você e depois para outras pessoas em sua vida. Depois de praticar a meditação anterior por cinco minutos ou mais, continue da seguinte forma:

1. **Ao deixar que a bondade preencha seu ser, talvez queira expressar os desejos e as intenções que sustentam este amor.**
2. **Quando se sentir completo, imagine alguém por quem sente gratidão e respeito. Pare um tempo (pelo menos uns minutos) para direcionar o fluxo de amor para esta pessoa, usando palavras semelhantes para expressar suas intenções.**

   Não tenha pressa; permita-se sentir o amor tanto quanto puder em vez de simplesmente imaginá-lo.
3. **Leve um tempo para direcionar essa bondade a uma pessoa amada ou amigo querido da mesma forma.**
4. **Direcione este fluxo de amor para alguém com quem você se sinta neutro — talvez alguém que veja de vez em quando, mas que não tenha sentimentos positivos nem negativos.**
5. **Agora, a parte mais difícil do exercício: direcione a sua bondade para uma pessoa por quem tenha sentimentos relativamente negativos, como irritação ou mágoa.**

   Ao estender o amor a esta pessoa, ainda que só um pouco, no início, começará a desenvolver a capacidade de manter o seu coração aberto, mesmo em circunstâncias desafiadoras. Eventualmente, poderá estender o amor para pessoas que lhe fazem sentir emoções fortes, como raiva, medo ou sofrimento.

Como as outras meditações neste livro, a bondade pode ser beneficiada com a prática prolongada. Em vez de uns dois minutos a cada etapa, tente fazê-las por cinco ou até dez. Quanto mais tempo e atenção dedicar, mais começará a notar mudanças sutis (ou não tão sutis!) em relação a como se sente a cada momento.

Talvez perceba que seu coração continua irradiando um desejo pelo bem-estar dos outros (e seu) bem depois de ter terminado a sua meditação formal. E pode descobrir que situações que uma vez fizeram com que dissesse palavras pesadas ou saísse de cena por medo, agora produzem sentimentos mais ternos como afinidade ou compaixão. Mesmo que não sinta nada no começo, o simples ato de repetir seus desejos e intenções pode ter um efeito notável.

Perdão: O solvente universal

Se o ressentimento — que nada mais é do que outra palavra para raiva antiga que se acumulou com os meses e anos — é a sujeira que entope o fluxo livre de amor para dentro e para fora de seu coração, então o perdão é o solvente universal para liberá-lo. Seja qual for a sua situação, poderá dissolver o ressentimento se quiser — mas tem que estar disposto! E adivinha o quê? Novamente, vai descobrir que a pessoa que mais precisa amar e perdoar é você mesmo.

Esta é uma meditação para ajudá-lo a dissolver ressentimento, mágoa e culpa e abrir o seu coração novamente para si próprio e para outros:

1. **Sente-se confortavelmente, respire fundo e relaxe seu corpo, com os olhos fechados.**
2. **Deixe imagens e memórias de palavras, ações e até mesmo pensamentos pelos quais você nunca se perdoou, circularem em sua mente.**

   Talvez tenha magoado alguém que amava e afastou-a, ou pegou alguma coisa que não lhe pertencia, ou disse "não" para uma oportunidade e se arrependeu disso depois.
3. **Reflita sobre o quanto sofrimento causou e quanto você mesmo sofreu. Permita sentir qualquer dor ou remorso.**
4. **Estenda com delicadeza e sinceridade o perdão para si próprio, usando palavras como:**

   "Eu o perdoo por todos os erros que cometeu, por todo o sofrimento que causou. Eu o perdoo por toda dor que causou aos outros, com ou sem intenção. Que seja feliz e alegre. Eu o recebo novamente em meu coração".
5. **Abra seu coração para si próprio e permita-se enchê-lo com amor.**

   Sinta as nuvens em volta ao seu coração se dissiparem.

6. **Imagine uma pessoa que você ama e sente algum ressentimento.**

   Reflita sobre como esta pessoa lhe magoou. Reflita também sobre quantas vezes magoou outras pessoas de forma semelhante.

7. **Permita delicadamente que as nuvens em volta de seu coração continuem a se dispersar à medida que sinceramente estende o perdão a esta pessoa.**

8. **Imagine alguém de quem você precisa perdão.**

   Talvez você a tenha magoado ou maltratado de alguma forma.

9. **Peça gentilmente pelo seu perdão usando palavras como:**

   "Por favor, perdoe-me pelo que fiz ou disse para magoá-lo, com ou sem intenção. Peço o seu perdão. Por favor, receba-me novamente em seu coração".

10. **Imagine o coração desta pessoa se abrindo e o amor fluindo livremente entre vocês de novo.**

11. **Imagine alguém por quem sente grande ressentimento — alguém, talvez, que você tenha excluído de seu coração por causa da forma com que ela uma vez lhe magoou.**

12. **Delicadamente deixe que as nuvens em volta do seu coração dispersem e estenda o perdão a esta pessoa, como descrevi no Passo 7.**

13. **Reflita sobre todas as pessoas para quem fechou seu coração por causa da dor que aparentemente lhe causaram.**

    Sinta todas as camadas de ressentimento e dor que se acumularam em seu coração com o passar dos anos.

14. **Reflita sobre todas as formas como você da mesma maneira que eles.**

15. **Imagine todas estas pessoas na sua frente, e, com todo seu coração, perdoe a todos e peça seu perdão usando palavras como:**

    "Eu o perdoo por tudo o que possa ter feito para me causar dor, com ou sem intenção. Eu o perdoo. Por favor, perdoe-me. Que nós possamos abrir nossos corações um para o outro e vivamos juntos em paz e harmonia". Novamente, sinta seu coração se abrindo e deixe que o amor flua livremente entre vocês.

16. **Pare uns instantes para respirar fundo e repousar sua atenção em seu coração antes de se levantar e seguir com seu dia.**

Em vez de fazer a meditação de perdão completa apresentada aqui, pode simplesmente estender o perdão para pessoas em particular conforme pede a situação. Mas sempre que praticar o perdão lembre-se de incluir um pouco para si próprio.

Parte III

Identificando as Dificuldades e Fazendo os Ajustes

A 5ª Onda por Rich Tennant

"Eu normalmente misturo minhas meditações. Hoje eu estou fazendo meditações de cura, de introspecção e de cabelo ruim".

Nesta parte...

Aprender a meditar é como aprender a dirigir um carro. Você pode passear pelo estacionamento o quanto quiser, mas espere até pegar a hora do rush.

Nesta parte, eu lhe darei orientação especializada para lidar com as reviravoltas da meditação em condições de tráfego interior pesado — como quando emoções intensas ou pensamentos repetitivos ameaçam limitá-lo. Ou quando desvios ou distrações aparecem para tirá-lo do rumo e o fazem dormir no volante. Aqui você tem uma oportunidade de juntar todas as suas recentes habilidades montando uma rotina que você possa seguir dia após dia.

Capítulo 10

Meditando com Emoções Desafiadoras e Padrões Habituais

Neste Capítulo

- Tratando a sua experiência com bondade, cuidado e curiosidade
- Aprendendo algumas dicas para lidar com medo, raiva e tristeza
- Relaxando os seus bloqueios, padrões habituais e histórias subconscientes
- Livrando-se dos padrões, movendo a energia e colocando-os para fora — conscientemente
- Encontrando um terapeuta para ajudá-lo, caso fique realmente empacado

A meditação tende a deixá-lo mais calmo, mais expandido e mais relaxado — pelo menos na maior parte do tempo. Quando acompanha sua respiração, repete um mantra ou pratica outra técnica todos os dias, sua mente começa a se acalmar naturalmente, enquanto pensamentos e sentimentos vêm à tona e extravasam espontaneamente, como o gás em uma garrafa de refrigerante. O processo é tão relaxante que os praticantes da Meditação Transcendental o chamam de *desestressar*.

Quando medita regularmente por um certo tempo, porém, pode achar que algumas emoções ou estados mentais continuam voltando para distrair ou perturbá-lo. Em vez de se dispersarem, as memórias dolorosas podem continuar rodando em sua consciência, como um CD enroscado na mesma música.

No início, pode ficar surpreso, consternado, ou até apavorado com as coisas com as quais se depara e pode concluir que está fazendo algo errado. Mas não tenha medo! A verdade é que sua meditação começou a se aprofundar e que você está pronto para expandir sua variedade de técnicas de meditação para ajudá-lo a navegar neste novo terreno.

Como Fazer Amizade com Sua Experiência

Na meditação, você tem uma oportunidade de reverter o costume de desaprovar as próprias condutas e explorar a sua experiência como ela é, sem tentar julgá-la ou alterá-la. Para substituir o estresse, conflito e turbulência dentro de você, por paz e harmonia, precisa fazer amizade consigo mesmo — o que significa tratar-se com a mesma bondade, carinho e curiosidade com que trataria um amigo próximo. Comece trazendo uma consciência gentil e tolerante para seus pensamentos e sentimentos.

Abraçando seus pensamentos e sentimentos

Quando estiver conseguindo acompanhar a sua respiração e expandir a sua consciência para englobar sensações, poderá estendê-la ainda mais para abranger pensamentos, imagens, memórias e sentimentos. Assim como para as sensações, comece acompanhando a sua respiração e, então, permita-se explorar um pensamento ou sentimento, quando ele se tornar tão forte que clama por sua atenção. Quando ele não mais predominar em seu campo de consciência, retorne gentilmente para a sua respiração. Quando perceber que sua atenção está se desviando para um pensamento ou sentimento, preste atenção no que está sentindo até que isso perca a intensidade; então retorne gentilmente para seu foco principal.

Acolhendo tudo o que aparece

Quando se acostumar a incluir sensações, pensamentos e sentimentos em sua meditação, poderá escancarar os portões de sua consciência e acolher tudo o que aparece, sem julgamento ou resistência. Imagine que a sua mente é como o céu e que as experiências interiores e exteriores vêm e vão como as nuvens.

No início, pode ser que sua atenção seja levada de um lado para outro, explorando um objeto e, então, passando para outro. Não precisa controlar a sua atenção de forma alguma; basta deixá-la perambular aonde ela quiser, de pensamentos para sensações para sentimentos e de volta outra vez.

Como Meditar com Emoções Desafiadoras

A meditação lhe proporciona um meio alternativo de se relacionar com suas emoções. No lugar de reprimi-las, de se entregar a elas, ou de extravasá-las, experimente diretamente as emoções como elas são — como uma interação de pensamentos, imagens e sensações. Quando se tornar habilidoso em acompanhar a sua respiração e expandir a consciência para incluir o fluxo de pensamentos e sentimentos — o que pode levar meses ou até anos —, conseguirá focar sua atenção em emoções específicas, que considera desafiadoras ou problemáticas e desenvolver uma percepção clara da natureza da experiência.

LEMBRE-SE

Em vez de inesgotável ou infinita, como temem algumas pessoas, você vai perceber que mesmo as mais fortes emoções vêm em ondas com durações limitadas, depois de experimentá-las totalmente. Como costumava dizer um de meus professores, "As coisas a que resiste, persistem" — e o que acolhe, tende a relaxar e ser liberado.

Estas são algumas orientações para explorar algumas das mais comuns emoções. Assim como uma palheta completa de cores de um artista pode ser essencialmente decomposta nas cores ciano, magenta e amarelo, as emoções difíceis ou desafiadoras, como inveja, culpa, tédio e depressão, são combinações (ou reações) dos quatro sentimentos básicos: raiva, medo, tristeza e desejo (se tiver problemas com um sentimento em particular, lide com ele como se fosse um destes quatro).

Meditando com a raiva

Após praticar a meditação regularmente por vários anos, depois de minha adolescência, eu me orgulhava de ser consistentemente calmo e equilibrado e nunca ficar bravo. Então, um dia, minha namorada na época confessou que tinha tido um caso com outro homem! Sem hesitar, peguei a caneca em cima da mesa e a joguei contra a parede. Eu me lembro de ficar alarmado pela repentina intensidade de minhas emoções. Em um minuto eu parecia perfeitamente pacífico, e, no seguinte, estava explodindo com raiva. Minha raiva condizia com circunstâncias, mas eu certamente não a expressei adequadamente. Humilhado, voltei para a almofada de meditação para fazer um pouco de investigação profunda — depois de terminar com a minha namorada, é claro.

Muitas pessoas, principalmente as mulheres, têm um tabu em ficarem bravas, pois não foram permitidas a expressar sua raiva, mesmo quando crianças. Então, elas despendem uma enorme quantidade de energia tentando evitar tal sentimento. Outras pessoas parecem estar constantemente tomadas por raiva do dia a dia e mágoas do passado, embora possam não perceber.

MEDITAÇÃO

Quando medita com sua raiva, pode começar percebendo onde e como, você a experimenta em seu corpo. Onde se sente tenso e contraído? O que acontece com sua respiração? Onde percebe um acúmulo de energia? Como isso afeta as emoções mais suaves? Conforme continua a estar consciente de sua raiva, percebe que ela se desloca ou altera de alguma forma? Quanto tempo dura? Ela tem um começo e um fim?

Em seguida, volte sua atenção para a sua mente. Que tipo de pensamentos e imagens acompanha os sentimentos de raiva? Você culpa outras pessoas e se defende? Se investigar mais a fundo e remover a camada inicial de raiva, o que encontra embaixo? Para mim, a raiva geralmente surge em resposta a uma ou duas emoções mais profundas: mágoa ou medo. Quando está magoado, como eu estava com a traição de minha namorada, pode partir para o ataque furioso contra a pessoa que acredita que o magoou. E quando está com medo, pode se proteger com a espada e a armadura da raiva em vez de reconhecer o seu medo, até para si mesmo. Por trás da mágoa e do medo, a raiva geralmente esconde uma camada, ainda mais profunda, de apego as coisas de um determinado modo. Quando as circunstâncias mudam ou não acontecem como planejadas, você sente mágoa ou medo e então, responde com raiva.

Com a raiva, assim como com todas as emoções, deixe de lado qualquer julgamento ou resistência que possa ter e encare-a diretamente. Você pode vir a perceber que ela se torna mais intensa antes de se liberar, mas seja persistente. Por trás da raiva pode haver uma profunda fonte de energia, a qual você pode um dia descobrir como despertar sem ficar bravo.

Meditando com o medo e a ansiedade

Muitas pessoas relutam em admitir que sentem medo, até mesmo para elas próprias. De alguma forma, acreditam que se reconhecerem o medo, darão poderes para que ele controle suas vidas. Em outras palavras, elas têm medo de seu medo! Homens, principalmente, fazem de tudo para esconder seus medos ou ansiedades atrás de uma fachada de confiança, raiva ou racionalidade. No outro extremo, é claro, há pessoas que parecem ter medo de praticamente tudo.

A verdade é que, se você é humano — e não um ser biônico ou um extraterrestre —, vai sentir medo ou ansiedade, pelo menos de vez em quando. Junto com a descarga de adrenalina que sente quando sua sobrevivência física parece estar em risco, experimenta o medo, que inevitavelmente surge quando se depara com o desconhecido ou o incerto na vida — o que pode ser bem comum nos dias de hoje. No fundo, você está com medo porque acredita que seja uma entidade separada e isolada, rodeada por forças fora de seu controle. Quanto mais as paredes entre você e os outros desmorona, por meio da prática da meditação, mais o seu medo e ansiedade naturalmente diminuem.

Assim como a raiva, use a sua meditação para explorar e fazer amizade com seu medo. Afinal, é uma emoção como as outras, composta de sensações físicas, pensamentos e crenças. Para lidar com o medo, é de vital importância ser bondoso e gentil consigo próprio.

Comece com as mesmas perguntas que fez sobre a raiva: onde e como a sente em seu corpo? Em que partes percebe tensão ou contração? O que acontece com sua respiração? Ou com seu coração? Em seguida, observe os pensamentos e imagens que acompanham o medo. Normalmente, o medo vem da antecipação do futuro e da ideia de que não será capaz, por algum motivo. Quando vê estas expectativas catastróficas como elas realmente são e retorna para o presente — as sensações e seu corpo, o ir e vir de sua respiração — talvez perceba que o medo muda e começa a dispersar. Daí, quando ele voltar, poderá simplesmente chamá-lo pelo nome — "medo, medo, medo" — como um velho conhecido amigo.

Talvez queira também ampliar as sensações um pouquinho e se permitir abalar ou tremer, se a vontade for grande. Imagine o medo lhe consumindo e devastando totalmente (lembrando, é claro, que você vai sobreviver) — uma abordagem útil especialmente quando tem medo de seu medo, como muitas pessoas. Confrontar diretamente seu medo, sem tentar se livrar ou escapar dele, requer uma coragem enorme; mas estas práticas têm também a capacidade de trazê-lo para o presente e abrir seu coração para a sua própria vulnerabilidade.

Meditando com a tristeza, o sofrimento e a depressão

A maioria das pessoas considera a tristeza mais fácil de sentir e expressar do que a raiva ou medo. Infelizmente, eles não concedem o tempo e atenção que ela merece, pois foram ensinados quando crianças a parar de chorar antes de estarem prontos. A vida inevitavelmente nos apresenta uma série de decepções e perdas; tristezas e sofrimentos não expressados podem se acumular e, por fim, causar a depressão (muitas das pessoas que atendo em terapia sofrem de depressão leve, que pode também ser consequência de raiva reprimida ou "abandono aprendido").

MEDITAÇÃO

Para fazer amizade com sua tristeza, precisa segurá-la delicada e amavelmente e dar bastante espaço para que se expresse. Assim como a raiva e o medo, comece explorando as sensações. Talvez perceba um peso em seu coração, uma constrição em seu diafragma ou uma sensação de obstrução em seus olhos, como se estivesse prestes a chorar, mas não consegue. Talvez queira aumentar estas sensações e ver o que acontece.

Em seguida, preste atenção aos pensamentos, imagens e memórias que alimentam a tristeza. Talvez fique revivendo a perda de uma pessoa amada ou uma ocasião em que um amigo próximo que disse algo cruel. Se estiver deprimido, pode insistir em reciclar as mesmas crenças e julgamentos negativos, autodestrutivos, tais como "eu não sou bom o suficiente" ou "eu não tenho o que é preciso para ter sucesso".

À medida que abre a sua consciência para englobar toda uma série de experiências associada a uma tristeza, pode derramar algumas lágrimas sinceras — e no processo, vai se sentir ficando leve e sua tristeza se animando um pouco. Em última instância, enquanto estiver aberto ao seu próprio sofrimento e ao dos outros, vai sentir uma certa quantia de delicada tristeza em seu coração.

Como Desfazer Padrões Habituais — Conscientemente

Ao explorar suas emoções (como descrevi no tópico anterior), vai descobrir gradualmente que elas não são tão poderosas ou infinitas como temia. Com consciência e identificação diligente das emoções, elas vão fluir pelo seu corpo e gradualmente serão liberadas. Por exemplo, ao investigar delicadamente sua raiva ou medo, vai ver que ela pode intensificar no início e depois se romper e dispersar como uma onda no mar.

Mas algumas emoções e contrações físicas persistentes, aliadas a pensamentos e imagens que as acompanham e alimentam, parecem insistir em voltar, não importando quantas vezes você a perceba e identifique. Estas são as *histórias* e padrões habituais que correm fundo no corpo e na mente, como as raízes de onde surgem os pensamentos e sentimentos recorrentes. Em suas meditações, pode ser que você fique repetindo uma história de seu passado (incluindo todas as emoções e estados mentais que a acompanharam) em que sofre algum tipo de abuso ou injustiça. Talvez se veja como um fracasso e fantasie obsessivamente sobre um futuro imaginário em que se vê, de alguma forma, mais feliz e mais bem-sucedido. Ou talvez se preocupe constantemente com seu trabalho ou relacionamento, porque acredita que não pode confiar nas pessoas ou que o mundo não seja um lugar seguro.

LEMBRE-SE

Em seu livro *Um Caminho com o Coração*, o professor de meditação Budista Jack Kornfield refere-se a estes padrões habituais como *visitantes insistentes* e sugere que eles insistem em retornar à sua meditação (e sua vida!) porque estão presos ou inacabados de alguma forma. Quando dá a eles uma atenção carinhosa e a observação intensa que requerem (usando a percepção compenetrada, que discuto com detalhes no Capítulo 5), pode, de início, descobrir que são mais complexos e profundamente arraigados do que imaginava. Mas com a exploração persistente, eles gradualmente se desfazem e revelam a energia e sabedoria escondida que eles contêm. Na realidade, quanto mais desfaz seus padrões, mais libera as contrações físicas e energéticas que estão em seu coração e mais livre, amplo e extenso se sente — e, sim, mais saudável!

Identificando suas "canções"

Usando uma forma um tanto cômica para começar, aconselha Kornfield, identifique e enumere suas "dez melhores canções". Se preferir, escolha apenas cinco. Depois, quando uma específica "canção" tocar novamente, simplesmente observe e identifique-a sem ficar envolvido com o mesmo padrão doloroso. Nada mais do que outra versão para identificar sua experiência (descrita previamente), esta abordagem pode ser útil, mas só funciona até um certo ponto.

Expandindo sua consciência

A parte do padrão que se revela durante sua meditação pode ser somente a ponta do famoso iceberg. Talvez ainda sinta tensão na parte inferior de sua barriga e não saiba o porquê. Se expandir a sua consciência, poderá descobrir que abaixo da superfície existe medo em relação ao futuro e abaixo deste medo existe uma camada de mágoa. Quando incluir também os pensamentos e as ideias, talvez descubra que, lá no fundo, você se considera incapaz. Então, sente medo de não conseguir aguentar e fica magoado quando as pessoas o criticam porque isso só confirma sua própria autoimagem negativa. Ao acolher toda uma variedade de pensamentos, imagens e sentimentos, você cria uma amplitude interior em que o padrão pode gradualmente se abrir e se libertar (confie em mim — este método realmente funciona, embora não tenha resultados de imediato).

Sentindo seus sentimentos

Os padrões geralmente persistem até que os sentimentos latentes sejam intensamente sentidos. Isso mesmo, eu disse *sentidos* — não só reconhecidos ou identificados! Muitas pessoas mantêm seus sentimentos a distância ou os confundem com pensamentos ou ideias. Eu costumava falar de forma abstrata sobre sofrimento ou medo, mas levou anos de meditação (e um pouco de boa terapia;

veja o tópico "Como [e Quando] Procurar Ajuda com Seus Padrões") para que soubesse como eles realmente afetavam meu corpo. Outras pessoas (como mencionei anteriormente, na seção "Como Meditar com Emoções Desafiadoras") ficam completamente enroladas com os seus sentimentos. Conforme expande a sua consciência, pergunte a si mesmo, "Quais sentimentos ainda não senti"?

LEMBRE-SE

Sentir seus sentimentos não os torna maiores, ou piores — pelo menos, não em longo prazo. Na verdade, permite que eles sigam seu caminho e sejam liberados!

Observando a sua resistência e apego

Segundo uma máxima de um professor, aquilo a que você resiste, persiste — e posso acrescentar que você está fadado a persistir também. Se uma determinada história ou emoção desafiadora insiste em ecoar em sua mente, explore sua relação com ela. Por exemplo, pergunte: Como me sinto em relação a este padrão ou história em particular? Tenho algum interesse pessoal em mantê-la? Se assim for, que proveito tiro disso? Ou o que temo que aconteça se deixá-lo de lado? Considero isso algo desagradável ou difícil de desapegar? Se for o caso, o que não gosto sobre isso? Quando conseguir relaxar e delicadamente se abrir para aceitar o padrão de forma consciente (como descrevi nos tópicos anteriores), talvez perceba que este padrão, que parecia estar tão firme e arraigado, também relaxa.

Encontrando a sabedoria

Às vezes, histórias e padrões recorrentes têm uma mensagem a ser transmitida e não vão parar de incomodar até que você lhes dê ouvidos. Se continuo tendo o mesmo sentimento incômodo ou difícil durante a meditação e ele não passa ou muda com consciência, posso "dar a ele uma voz" e pedir para que se comunique comigo como se fosse um bom amigo. "O que está tentando me dizer?" Pergunte. "O que estou precisando ouvir?" Às vezes descubro que uma parte minha, mais delicada ou vulnerável, precisa de atenção carinhosa, protetora. Outras vezes, ouço a voz da responsabilidade me lembrando de algum compromisso importante. Para conhecer uma boa forma de ouvir estas vozes e partes, veja o box "Focando-se: Meditação Ocidental para se soltar", mais adiante neste capítulo.

TOQUE ISSO!

Trocando padrões negativos por energia positiva

Muitas tradições meditativas sugerem que buscar ajuda externa auxilia o processo definitivo de purificação de eliminação de padrões habituais. Não, não estou me referindo à psicoterapia ou Prozac — refiro-me a seres ou energias espirituais que aparentemente existem para o propósito único de inspirar e encorajar sua evolução espiritual. Religiões ocidentais têm seus anjos e santos, o Hinduísmo e o Budismo têm suas divindades e protetores, o xamanismo tem os seus espíritos auxiliadores e forças animais.

Talvez você não acredite em toda estas coisas espirituais, mas sugiro que dê uma chance a este exercício mesmo assim. Em vez de aliados espirituais, talvez prefira imaginar pessoas que lhe ofereceram apoio incondicional no passado — ou simplesmente use a imagem de uma esfera luminosa. A ideia é que este exercício por si só pode ser um aliado poderoso no processo de lidar com emoções ou experiências dolorosas ou difíceis. Como em todas as meditações, quanto mais pratica, mais efetiva ela se torna. Para instruções detalhadas em áudio, confira a Faixa 9.

1. **Comece sentando-se e meditando como de costume por alguns minutos.**

   Se não tiver uma meditação habitual, encontre uma no Capítulo 6 — ou simplesmente sente-se imóvel e aguarde mais instruções.

2. **Imagine uma esfera luminosa de luz branca suspensa há mais ou menos trinta centímetros sobre sua cabeça e um pouco à sua frente.**

   Como um sol, esta esfera incorpora e irradia todas as qualidades positivas, de cura, harmoniosas que você mais quer que se manifeste em sua vida neste momento. Talvez queira ser mais específico no começo — força, claridade, paz, amor; e eventualmente, pode simplesmente acender a luz.

3. **Imagine-se absorvendo todas estas qualidades com a luz de cura como se estivesse tomando sol.**

4. **Imagine que esta luz irradia em todas as direções para os cantos mais longínquos do universo e atrai a energia de todas as forças benevolentes que sustentam seu crescimento e evolução para dentro da esfera.**

5. Visualize esta energia positiva, de cura, brilhando pela esfera, como a luz de mil sóis, descendo pelo seu corpo e mente, eliminando toda negatividade e tensão, escuridão e depressão, preocupação e ansiedade e substituindo-as por esplendor, vitalidade, paz, todas as outras qualidades positivas que procura.
6. Continue a imaginar esta luz poderosa de cura tomando todas as células e moléculas de seu ser, dissolvendo qualquer contração e barreira que possa ter consciência e deixando-o purificado, claro e calmo.
7. Imagine esta esfera luminosa gradualmente descendo para seu coração, onde continua a irradiar esta luz poderosa.
8. Imagine-se sendo um ser luminoso com uma esfera de luz em seu coração que constantemente irradia claridade, harmonia e pureza — primeiro para todas as células e partículas do seu próprio ser e daí, através de você, para todos os outros seres em todas as direções.

Leve estes sentimentos e imagens que este exercício desperta para o resto do seu dia.

Chegando ao X da questão

Assim como o grande meditador tibetano Milarepa, às vezes você precisa enfiar a sua cabeça na boca do demônio antes que ele desapareça para sempre. Em outras palavras, talvez precise explorar a *contração energética* que está no centro de seu padrão habitual. Quando uso o termo *energético* neste caso, refiro-me ao modelo oriental de organismo humano, como um sistema de caminhos e centros energéticos que podem ficar bloqueados ou contraídos. Estes bloqueios dão origem a emoções e estados mentais dolorosos e podem, por fim, causar doença.

Para explorar a contração energética no centro do seu padrão, direcione sua atenção para o ponto central da contração e escreva em detalhes o que encontrar ali. Quando desenterra a memória, o sentimento ou a crença que forma o padrão, vai perceber que a contração relaxa, sua consciência expande e sua meditação começa a fluir mais suavemente. (**Lembrete**: ao lidar com contrações excepcionalmente dolorosas, profundamente arraigadas, talvez seja melhor consultar um profissional qualificado).

Inspirando o obstáculo com existência

Depois de meditar por um tempo e receber uns relances de sua própria plenitude e totalidade inerentes (que chamo de *ser* no Capítulo 1), talvez queira tentar o seguinte atalho. Deixe de lado os pensamentos e ideias que acompanham seu padrão e simplesmente fique consciente da contração física e energética. Agora volte a atenção para a sua plenitude e totalidade, que talvez tenha a sensação de uma energia calma, relaxada em seu corpo; um profundo sentimento de amor em seu coração; uma sensação de expansão ou espaço; ou algum outro sentimento exclusivo para você. Imagine a sua plenitude e totalidade gradualmente se espalhando, penetrando e inspirando a contração com puro ser. Continue neste exercício conforme a contração relaxa e se dissolve transformando-se em ser.

Lidando com os padrões antes de ficar emperrado

Quando pegar o jeito de observar seus padrões de reação, histórias e preocupações repetitivas e revelá-los na meditação, comece lidando com eles conforme eles surgem no seu dia a dia. Por exemplo, pode perceber que em sua meditação costuma ensaiar um drama no qual outra pessoa está constantemente privando-o do que é seu direito e acaba se sentindo magoado ou ressentido. Quando perceber que a história e as crenças que a acompanham (por exemplo, "nunca consigo o que eu quero" ou "ninguém liga para mim"), aparecem em seus relacionamentos ou no trabalho, use esta habilidade que adquiriu para recuar um pouco e resistir à tentação de ser absorvido, como de costume.

Quanto mais consistentemente revelar seus padrões durante a meditação, mais rapidamente conseguirá capturá-lo quando surgirem — e mais livre e menos reativo você gradualmente se torna. Eventualmente, pode até começar a deslocar sua identidade para fora dos padrões e para a vasta consciência em que os padrões surgem e desaparecem.

Como Colocar os Padrões de Lado — Por Enquanto

Se acha que seus padrões habituais estão muito fortemente arraigados para serem desatados (pelo menos por enquanto!), ainda assim pode conseguir um pouco de alívio temporário usando uma ou mais técnicas simples.

Não precisa necessariamente lutar com um padrão até levá-lo a nocaute; às vezes, só precisa alterá-lo ou deslocá-lo um pouco para que possa continuar com sua meditação.

Desapegando-se — ou deixando como está

Acredite ou não, você tem a capacidade de se desapegar de um padrão e seguir em frente. Porém, tome cuidado — se na verdade estiver tentando afastá-lo, ele pode voltar para assombrá-lo. Em vez de conflito e aversão, este método requer uma disposição para aceitar as coisas como são. Às vezes, você pode simplesmente parar, estar consciente da contração, e, gradualmente, relaxar o seu corpo até que ela se solte. Ou pode simplesmente mover sua consciência para o próprio *ser* (seja lá como você experimente o *ser*) e simplesmente deixe o padrão como está sem tentar alterá-lo.

Deslocando a atenção

Como diz a Bíblia, "Há tempo para todo o propósito debaixo do céu" — inclusive trabalhar com seus padrões habituais. Se está preocupado com assuntos mais urgentes, talvez precise colocar seus padrões de lado e irradiar a sua atenção onde ela é mais necessária. Volte para suas dificuldades mais tarde, quando tiver o tempo e energia.

Deslocando a energia

Ocasionalmente, pode ser útil direcionar a energia associada a um determinado padrão para outra atividade. Vá correr, dançar com música alta ou lavar a louça. Pode não estar desatando o padrão, mas o estará tirando de cena, por assim dizer. Talvez já tenha visto um daqueles filmes de faroeste em que o herói sai e vai cortar lenha em vez de pegar sua arma e matar alguém. Bem, ele está "deslocando a energia", quer saiba disso ou não. Pode também deslocar a energia internamente — por exemplo, transformando seu medo em relação ao evento futuro em entusiasmo e curiosidade.

Seja um personagem em sua imaginação

Quando uma emoção ou um impulso parecer muito intenso para ser deslocado ou movido, encarne um personagem, representando a emoção de forma exagerada e então, com atenção total, deixando-a que se revele completamente. Esta abordagem é diferente da mera fantasia, que costuma se tornar uma característica obsessiva, inconsciente. Em vez disso, prestar atenção e ao mesmo tempo dar rédeas a esta emoção, vai lhe permitir perceber que ela não é tão poderosa quanto acreditava.

Ao mesmo tempo, tem uma oportunidade de observar as limitações e danos ou sofrimentos que ela poderia causar. Por exemplo, você pode se imaginar representando conscientemente sua raiva ou desejo e observar o que acontece. Sente-se completamente oprimido por isso? Como isso afeta as outras pessoas envolvidas? Isso realmente traz a satisfação que procura?

Seja um personagem na vida real – conscientemente

Quando um padrão parece muito forte para resistir, represente-o na vida real, como normalmente faz, mas desta vez de forma consciente. Perceba qual é a sensação em seu corpo e acompanhe a representação até o final. Por exemplo, pode tentar bravamente resistir ao seu desejo de tomar um sundae de chocolate, mas perderá rapidamente a força de vontade. Em vez disso, tome o sundae, prestando atenção em cada colherada e em cada sensação. Garanto que irá transformar a sua relação com o sundae de chocolate no processo.

Capítulo 11

Solucionando os Problemas e os Efeitos Colaterais

Neste Capítulo

- Usando os obstáculos de sua meditação como se fossem grãos em seu moinho
- Lidando com condições alteradas e experiências incomuns sem se distrair
- Explorando os sete centros de energia e o que eles têm para ensinar

Como qualquer jornada, a meditação tem sua parcela de paisagens e atrações paralelas de tirarem o fôlego, que o inspiram e despertam a sua curiosidade — e também pode apresentar obstáculos, desvios e acidentes que o impedem de seguir adiante. Como mencionei no Capítulo 1, gosto de pensar neste livro como um guia de viagens detalhado. Este capítulo proporciona um manual de solução de problemas para usar quando enfrentar problemas no motor, pneu furado ou um atraso inesperado.

Como Transpor os Obstáculos em Sua Jornada Meditativa

Embora a meditação possa ser tão complexa quanto queira que ela seja, a prática básica é, na verdade, bem simples: basta sentar, ficar quieto, voltar sua atenção para dentro e focar a sua mente. No entanto, ninguém nunca disse que isso seria fácil — pelo menos, não sempre!

Além das emoções difíceis e padrões habituais, todo meditador persistente encontra, inevitavelmente, pelo menos alguns dos obstáculos ou obstruções clássicas. Não desanime com a palavra *obstáculo*. Estes desafios podem lhe atrasar, mas não precisam impedi-lo. Não há nada de errado se sente sono, impaciência, tédio, fica adiando sua meditação ou ponderando se seu esforço vale a pena. Na realidade, está apenas confrontando padrões habituais que lhe causam problemas em todas as áreas de sua vida. A meditação oferece um laboratório para investigar estes padrões com atenção cuidadosa para que, então, possa aplicar seus resultados em seu trabalho, suas amizades e em sua vida familiar. Os "obstáculos", em outras palavras, são os grãos que abastecem o moinho do autoconhecimento e da mudança comportamental.

LEMBRE-SE

Como venho estimulando ao longo deste livro, lembre-se de tratar a si mesmo e aos obstáculos de sua jornada com a mesma bondade, carinho e curiosidade que teria com um amigo próximo. A ideia não é ignorar os obstáculos e ir para algum lugar mais claro e relaxar. De certa forma, os obstáculos em si proporcionam uma matéria-prima excepcional para seus experimentos, à medida que você se abre para tudo o que aparece em sua experiência com consciência delicada e tolerante. Em vez de obstáculos, talvez prefira vê-los como mensageiros que carregam o dom da energia, sabedoria e autoaceitação superiores.

Sonolência

A maioria de nós sonambula durante a maior parte de nossas vidas, prestando somente o mínimo de atenção no que está acontecendo ao nosso redor. Alguma vez dirigiu para casa e ficou pensando, quando chegou, como havia chegado lá? Como a ideia da meditação é acordar e estar atento, não é de se estranhar que todos os meditadores enfrentam sonolência e cansaço, pelo menos ocasionalmente.

Provavelmente o mais comum dos obstáculos, a sonolência tem várias formas e tamanhos. Comece explorando sua experiência: onde sente a sonolência em seu corpo? O que acontece com sua mente? Está fisicamente cansado ou só com sua mente desinteressada? Talvez esteja bocejando porque não tem dormido bem há dias — neste caso, pare de meditar e tire um cochilo.

Cada vez mais, porém, a sua mente ficará enevoada quando resistir sentir alguma emoção desagradável ou indesejável, como medo ou tristeza. Pergunte-se, "O que estou evitando neste momento? O que está por trás desta sonolência?" Pode até estender esta investigação para outros momentos de sua vida em que se sentir desinteressado ou desanimado.

Quando estiver meditando por um tempo, vai perceber que fica com sono uma vez quando sua mente se acomoda e não tem mais vários estímulos para mantê-la ocupada. Neste momento, talvez precise despertar sua energia abrindo bem os olhos e sentando-se bem ereto. Se a sonolência persistir, levante,caminhe um pouco e jogue água fria no rosto para ajudá-lo a ficar acordado.

Inquietação

Quando tem dificuldade em prestar atenção em sua meditação porque sua mente está agitada, preocupada ou ansiosa e está empolgado para fazer outras atividades, comece identificando a inquietação e observe como a vivencia em seu corpo. Talvez esteja tensionando sua barriga ou cabeça; ou tenha uma sensação desconfortável em seus braços e pernas. Talvez perceba que está empoleirado na beirada de sua almofada, como se estivesse pronto para levantar a qualquer momento e pegar alguma coisa para comer ou ligar para alguém.

Observe, também, o que sua mente está fazendo. Ela salta sem controle de um tópico para outro ou se preocupa obsessivamente com um evento ou uma responsabilidade futura? Tente, ao máximo, observar sua inquietação sem ser tomado pela agitação — ou seduzido pelo impulso de levantar e sair. Tente praticar a contagem de sua respiração ou outra técnica de concentração para ajudá-lo a acalmar sua mente até que possam voltar a sua prática regular (ou talvez, esta seja a sua prática regular). Assim como a sonolência, a inquietação também pode ser uma resposta a sentimentos dolorosos ou desagradáveis que não quer vivenciar.

Tédio

Como a maioria das pessoas, você deve pensar que fica entediado porque o objeto de sua atenção perde o valor ou o interesse. Mas talvez seja melhor examinar o seu tédio mais de perto. A verdade é que, o tédio aparece porque você não está prestando atenção suficiente ou porque tem alguma opinião ou preferência que o impede de estar completamente entregue ao presente. Aliás, a maioria de nós acostumou-se com o estímulo constante e têm dificuldade em sentar quieto quando foca em algo simples como acompanhar a respiração.

O tédio, como a inquietação, pode impedi-lo de experimentar as belezas mais sutis da vida — e a meditação pode proporcionar uma excelente oportunidade para explorá-lo. Comece identificando-o: "tédio, tédio". Como o sente em seu corpo? Que histórias a sua mente cria? Em vez de reagir ao seu tédio, simplesmente permita-se ficar conscientemente entediado. Pode ser que fique tão fascinado pelo seu próprio tédio, que não mais se sentirá mais entendiado!

Medo

Às vezes você se senta para meditar e percebe que sua mente está repleta de pensamentos e sentimentos de medo que não eram evidentes antes. De onde eles vieram? Talvez tenha estado ansioso ou com medo de alguma coisa, mas não percebia até que começou a meditar. Ou sua atenção consciente pode ter trazido medos antigos para a superfície para que pudessem ser explorados e liberados. Talvez esteja com medo da própria meditação — com medo de que não seja capaz de fazer direito ou de lidar com seu estresse ou medo das possíveis memórias ou sentimentos difíceis que possam surgir durante sua meditação.

Se este for o caso, não está sozinho! O medo é uma das mais dominantes e básicas emoções humanas — não é de se estranhar que seja uma das mais profundas na meditação.

Dúvida

Este obstáculo pode ser particularmente desafiador, pois questiona a jornada inteira. "Eu tenho o que é necessário para meditar? Minha mente nunca se acomoda — talvez eu deva tentar yoga ou tai chi. Qual é o sentido de acompanhar minha respiração? Como essa prática pode trazer relaxamento e paz de espírito?" É claro, fazer perguntas e conseguir respostas satisfatórias é importante — mas ao decidir dar uma chance à meditação, precisa encarar suas dúvidas como grãos que abastecem seu moinho, em vez de constantemente, levá-las a sério.

DICA

A dúvida pode também ser resultado de se esforçar demais e manter expectativas altas; na meditação você precisa colocar suas expectativas de lado e simplesmente meditar, com a crença que os benefícios irão florescer naturalmente com o tempo. Para desenvolver esta fé, leia outros livros como este que exaltam as virtudes da meditação.

A dúvida agita sua mente e torna a concentração difícil. Comece identificando a sua dúvida e percebendo as sensações que provoca e as histórias que cria. Com a consciência atenta, a dúvida gradualmente se aquieta e recua para o plano de fundo. E eventualmente, todas as suas pequenas dúvidas podem até se aglutinar em uma grande dúvida, que lhe motiva a questionar profundamente a natureza da existência e a chegar a algumas conclusões por si só.

Procrastinação

Como a dúvida, a procrastinação pode levar sua meditação a uma interrupção brusca. Afinal, se continuar adiando suas sessões de meditação não será capaz de colher os benefícios. Se costuma adiar coisas em outras áreas de sua vida, agora tem uma chance de olhar para além de suas desculpas usuais e enxergar os sentimentos e preocupações mais profundos que alimentam este padrão. Pare por um momento e questione-se honestamente — mas delicadamente e sem julgamento — o que lhe atrapalha a seguir adiante com suas intenções. Como descrito nos tópicos anteriores, você pode ter medo, tédio ou dúvidas sobre o valor da meditação. Talvez uma parte autossabotadora não queira que faça as mudanças positivas que a meditação proporciona, e, portanto, continua a questionar seus esforços. Ou talvez esteja muito inquieto e distraído para encontrar tempo para a própria atividade que poderia ajudá-lo a lidar com sua inquietação e facilidade de distração. Quando coloca sua meditação de volta aos trilhos, consegue explorar estes padrões mais a fundo.

Hipervigilância

Na próxima vez em que vir uma mãe nova e carinhosa, observe como ela cuida de seu bebê. Ela fica constantemente checando seu rosto para ver se tem sinais de enfermidade ou desconforto? Não, ela tem uma relação saudável com sua criança, ela observa delicadamente seus olhos com atenção calorosa e cuidadosa, mas sem ansiedade ou preocupação.

DICA

Talvez seja uma boa ideia usar a mesma atenção delicada e cuidadosa para sua meditação. Se tende a ser obsessivo ou perfeccionista ou detalhista com o seu foco, acaba ficando mais estressado do que estava quando começou. Em vez disso, relaxe a sua atenção como uma mãe carinhosa, observando sua experiência sem ficar tenso ou preocupado.

Tente investigar o medo mais profundo que pode estar ativando a sua hipervigilância.

A hipervigilância também pode se apresentar pelo monitoramento constante de seu progresso, sempre perguntando "Como estou me saindo agora?" O problema é que o verdadeiro progresso na meditação envolve simplesmente estar presente sem preocupações adicionais, como ficar pensando em como está se saindo. Novamente, relaxe sua consciência e simplesmente deixe as coisas acontecerem.

Autocrítica

Assim como o medo, a autocrítica é uma característica humana quase que universal, pelo menos no Ocidente. Você pode focar a sua crítica em sua meditação — acha que não está fazendo direito, não sabe se concentrar — ou em sua pessoa como um todo — acha que é incapaz, impossível de ser amado, não é bom o suficiente. A mente crítica pode até se disfarçar como um observador objetivo ou um orientador espiritual, constantemente comparando seu progresso a algum ideal interiorizado. "Se você fosse como Buda, seria totalmente calmo e imperturbável", ela pode dizer. Ou, "Se fosse um bom Cristão (Muçulmano ou Judeu), não sentiria raiva ou medo". Infelizmente, como costumava dizer um de meus professores, "a comparação mata" — querendo dizer que ela costuma enfraquecer a vitalidade e sua expressão única e não pode ser comparada com coisa alguma.

Ao identificar ou observar suas autocríticas, você pode conseguir certo distanciamento delas, em vez de acolher suas opiniões como a verdade absoluta, como muitos de nós faz. Como é a sua voz de julgamento? Que histórias ela conta como verdade? Ela lembra alguém — digamos, um de seus pais ou um chefe? Está tentando afastar partes de sua experiência porque elas são indesejáveis de alguma forma? Observe onde em seu corpo sente a crítica. Quando fica tomado por julgamentos, talvez sinta contração e tensão em resposta.

DICA

Conforme conhece melhor suas críticas, vai começar a acolhê-las como velhas amigas, não só na meditação, mas também no dia a dia — sem acreditar em suas histórias.

Apego e desejo

Assim como o medo e o julgamento tentam evitar ou resistir a certas experiências, o apego agarra-se firmemente às coisas que você tem — enquanto o desejo está sempre tentando achar algo melhor. Quando se é apegado — em sua carreira, seu relacionamento ou suas posses materiais —, pode-se ter dificuldades de se desapegar quando as circunstâncias mudam. Quem não teria? Mas o apego pode ser uma armadilha para a dor, porque a vida tem este curioso costume de fazer o que quer, a despeito de suas preferências. Com o desejo, a decepção por não ter o que quer e de ter o que não quer, flui como uma dolorosa corrente de pensamentos subjacentes logo abaixo da superfície da consciência percebida.

Não que eu esteja recomendando a total falta de apego e desejo — afinal, somente o Buda conseguiu suceder nesta tarefa! E também não estou comparando o desejo com o prazer — na verdade, a sensação de desejo pode ser extremamente desagradável, como uma coceira irritante que nunca passa, não importa o quanto coce; o prazer verdadeiro, em contrapartida, satisfaz uma necessidade humana profunda e natural. O que estou sugerindo é que descubra como criar algum espaço ao redor de seus desejos e apegos, para que não se sinta pressionado pelos imprevisíveis altos e baixos da vida.

Apego e desejo podem aparecer em sua meditação sob diversas formas. Talvez anseie por momentos de relativa calma e fique angustiado quando sua mente fica agitada ou preocupada. Ou pode ter uma predileção específica por certos pensamentos — fantasias de sucesso financeiro, por exemplo, ou imagens das férias no mês passado — e percebe que está relutante em se desprender delas e voltar para sua respiração ou seu mantra. Talvez esteja constantemente desejando e aspirando por alguma realização imaginada que está simplesmente fora do alcance.

Como nos outros obstáculos, explore seu apego e seu desejo, primeiro, delicadamente identificando-os à medida que surgem e depois, observando os pensamentos e sensações que os envolvem.

Orgulho

Aqui está uma situação clássica de meditação. Você vem meditando regularmente por algumas semanas e um dia sua mente se acalma como a superfície de um lago tranquilo na floresta. E quando percebe, está tendo os seguintes pensamentos: "Uau, quase não estou pensando e contei a minha respiração de um até dez por pelo menos cinco minutos. "Legal! Estou realmente pegando o jeito dessa coisa de meditação. Logo serei um especialista. Talvez até me torne um iluminado..." Você não só foi seduzido pelo orgulho, que se junta às suas realizações e as usa para reforçar a fraqueza de sua autoimagem, mas também foi distraído de sua meditação. O orgulho também pode se apresentar quando se gaba para sua família e amigos sobre a frequência com que medita ou simplesmente se sentindo especial ou superior aos outros.

Como expliquei no tópico "Apego e desejo", talvez seja melhor investigar os pensamentos e sentimentos que compõem o seu orgulho. Por detrás dele, pode encontrar medo ou insegurança ou um desejo de ser amado ou admirado. Lembre-se de que a meditação não tem nada a ver com realização e tudo a ver com estar presente no momento para tudo o que aparecer. Se ficar orgulhoso do quão bem você está meditando, não está mais no presente — então, retorne a sua respiração.

Escondendo-se

Se está tentando evitar o confronto com certos problemas ou desafios em sua vida, pode acabar recorrendo à meditação como forma de fuga conveniente e acabar passando horas em sua almofada que poderiam ser mais bem usadas pagando suas contas ou se preparando para uma mudança de carreira ou compartilhando seus sentimentos com a sua pessoa amada. A revista *New Yorker* publicou uma tira cômica alguns anos atrás que fala sobre isto: um monge Zen medita tranquilamente em sua almofada, enquanto no fundo, atrás de um biombo, tem uma enorme pilha caótica de coisas.

A meditação pode ajudá-lo a acalmar a mente, abrir seu coração, encarar os medos e outros sentimentos que podem estar em seu caminho — mas, acima de tudo, você precisa remover a tela e colocar o que aprendeu em prática no mundo real. Em outras palavras, a meditação, como o trabalho, o sexo e assistir TV, pode se tornar um vício se praticada em excesso. Mas não vai viciar se passar meia hora ou uma hora todo dia meditando — ou mesmo se for para um retiro de vez em quando. Mas se perceber que está se escondendo dos desafios da vida, preste atenção — os assuntos que ficam se repetindo durante a sua meditação podem não ser distrações, mas sim preocupações urgentes que requerem sua resposta.

Contornando

Assim como pode se esconder dos problemas da vida, também pode usar a meditação como uma forma conveniente para evitar confrontar os problemas psicológicos e emocionais mais profundos. Particularmente, se você desenvolve uma concentração intensa, consegue focar em sua respiração ou outro objeto de meditação enquanto abafa ativamente sentimentos desagradáveis ou "não espirituais". Conheço pessoas que após vários anos de meditação e monastérios ou ashrams, finalmente descobrem que estão literalmente sentando-se sobre uma vida inteira de tristeza, ressentimento ou dor que não foram resolvidos.

Como Apreciar os Efeitos Colaterais — sem Ficar Distraído

Além dos obstáculos, também poderá encontrar uma série de experiências incomuns e convincentes em sua jornada — o que gosto de chamar de efeitos colaterais ou *atrações na beira da estrada*. Previamente neste capítulo e no Capítulo 10, descrevi emoções, padrões e estados da mente costumeiros que podem se mostrar desafiadores à medida que sua meditação intensifica. Aqui, refiro-me ao que os pesquisadores da consciência chamam de *estados alterados* — experiências do corpo, mente e do coração fora do comum, que embora sejam essencialmente inofensivas, podem parecer impressionantes, confusas, aterrorizantes para o meditador iniciante.

Algumas pessoas meditam por anos e nunca experimentam algo fora do comum. Como monge Zen, por exemplo, estava sempre esperando por alguma descoberta dramática, mas recebia apenas as introspecções ocasionais para destacar as milhares de horas de meditação. Outras pessoas se sentam e, com algumas sessões, começam a ter vislumbres daquilo que os pesquisadores chamam de a *dimensão transpessoal* da experiência. Um amigo meu sempre viu anjos ou outros seres transcendentais, tanto em sua almofada de meditação como fora dela.

Na meditação de atenção plena, você simplesmente se aproxima do extraordinário da mesma forma que recebe o ordinário — com atenção delicada e consciente. A ideia é receber tudo o que aparece — e, no processo, despertar para quem já é — portanto, qualquer experiência que encontrar pelo caminho não passa de atrações colaterais. Divirta-se com elas e depois siga em frente. Se elas se tornarem grandes e dolorosas distrações, talvez seja uma boa ideia procurar um professor qualificado.

Para ajudá-lo a lidar com estas experiências sem ficar distraído ou sobrecarregado, o professor Budista Jack Kornfield, em seu livro *Um Caminho com o Coração*, sugere que tenha em mente as três diretrizes a seguir:

- **Os efeitos colaterais não passam disso.** Não se apegue a eles ou pense neles como algum indício de realização ou fracasso espiritual. Simplesmente siga em frente.
- **Use os freios se for necessário.** Se os efeitos colaterais ficarem muito intensos, pare de meditar por um tempo e envolva-se em atividades mais "fundamentais" que o conectarão ao seu corpo ou com a terra, como trabalhar no jardim, receber uma massagem ou caminhar na natureza.
- **Aprecie os estados alterados como se fossem parte do conjunto mais amplo da meditação.** Não fique enroscado resistindo ou lutando contra eles. Simplesmente tente recebê-los como o faz com toda experiência.

As seguintes subdivisões destacam algumas das experiências extraordinárias que podem ser encontradas em sua meditação, divididas em quatro categorias separadas para a sua conveniência. Para descrições mais detalhadas destas experiências, recomendo o livro *Um Caminho com o Coração*.

Êxtase e glória

Quando a sua concentração aumentar (ou, às vezes, até antes disso), poderá começar a ter experiências físicas fora do comum, conhecidas como *êxtase*. A forma provavelmente mais comum de êxtase envolve um movimento agradável de energia sutil (ou não tão sutil) por meio do corpo. Conforme se move, esta energia encontra áreas de rigidez e contração que se abrem e se liberam em resposta. As liberações energéticas podem assumir a forma de vibrações, tremores ou movimentos espontâneos repentinos ou repetitivos conhecidos na tradição da yoga como os *kriyas* (exercícios de purificação). Por exemplo, pode sentir espasmos subindo pela sua espinha ou movimentos involuntários de seus braços ou cabeça.

Embora a energia do êxtase seja, geralmente, uma sensação agradável, você pode ficar surpreso e um pouco perturbado ao ver seu corpo se movendo de formas que parece não poder controlar. Jack Kornfield, por exemplo, relata que seus braços começaram a bater como as asas de um pássaro, enquanto ele meditava intensamente em um monastério na Tailândia. Ele seguiu o conselho de seu professor de observar os movimentos sem tentar contê-los ou controlá-los e eles gradualmente se acalmaram.

Apenas lembre-se de que não está ficando louco ou fazendo algo de errado se experimentar o êxtase; na verdade, ele geralmente significa um aumento de concentração. Tente ao máximo continuar meditando enquanto usa a consciência atenta em sua experiência e permite que a energia faça o seu papel de liberar os seus lugares de retenção e tensão. Se a energia ficar muito intensa, simplesmente pare de meditar e faça algo corriqueiro e físico, como recomenda Kornfield.

O êxtase envolve mais do que mera energia; ele vem em outras formas e sabores também, como por exemplo, calafrios ou ondas de calor sem motivo aparente. Pode sentir seu corpo extremamente pesado e denso ou transparente e repleto de luz. Ou ainda, sentir formigamento, dormência acompanhada por ondas de prazer e felicidade. O êxtase pode assumir tantas formas quanto as pessoas que o experimentam.

Visões e outras experiências sensoriais

Se não experimentar o êxtase, não se decepcione — talvez obtenha os estados alterados no campo visual. Minha amiga que vê anjos também tem visões de viajar para outras dimensões durante sua meditação, onde ela encontra seres iluminados que a ensinam e fortalecem. Estas experiências não a perturbam; muito pelo contrário, ela gosta e até as evoca.

Embora você possa não ter visões tão elaboradas, ainda poderá ver luzes ou imagens coloridas de coisas que aparentam ser de vidas passadas, nítidas memórias ou relances de outras realidades. Outra vez, não precisa ficar perturbado — basta aceitá-los como prova de sua concentração elevada e não se distrair do foco de sua meditação. Obviamente, se achar que elas são significativas aproveite o que elas têm a oferecer. Mas a ideia da meditação, como ensino neste livro, é despertar para o presente momento e não passar o seu tempo de meditação explorando o infinito mundo dos estados alterados.

Junto com o fenômeno visual, você poderá também ter experiências auditivas e olfativas, incluindo vozes interiores; música; sons poderosos, ressonantes; ou cheiros diferentes. Pode achar que sua meditação aumenta a sua sensibilidade perceptiva de forma que consegue ver, ouvir, sentir ou saborear as coisas mais precisamente. Dependendo de seus gostos pessoais ou do que possa estar sentindo, pode achar esta sensibilidade agradável ou desagradável.

Montanha-russa emocional

À medida que sua mente se acomoda e acolhe a sua experiência, você cria espaço interior para que emoções não sentidas (e possivelmente inconscientes) venham à tona e sejam liberadas.

Uma de minhas primeiras amigas Zen passou seus primeiros anos de meditação chorando em silêncio em sua almofada. Frequentemente, ela relatava que seus sentimentos não tinham muito conteúdo ou um enredo — eles simplesmente vinham como ondas de energia em seu corpo. Outras pessoas que conheço meditam regularmente por anos com pouca emoção, então, de repente, assim como um avião, encontram um trecho de turbulência e experimentam dias ou até semanas de raiva ou tristeza.

DICA

Se achar difícil lidar com as emoções, consulte as orientações fornecidas no Capítulo 10 — ou talvez queira procurar aconselhamento de um professor de meditação qualificado. Caso contrário, vai continuar a meditar com consciência atenta e permitir que as emoções reverberem pelo seu corpo, mente e coração. Às vezes, os sentimentos — que, casualmente, podem incluir êxtase e alegria assim como tristeza e dor — vêm de profundas camadas do inconsciente que referem-se à infância ou a pré-infância. Outras vezes, os sentimentos podem parecer não ter absolutamente nada a ver com você. Seja qual for a sua experiência, tente acolhê-la com consciência atenta sem tentar mudá-la ou afastá-la.

TOQUE ISSO!

O que fazer quando se sentir sem chão

Às vezes as pessoas que meditam percebem que seus *chakras superiores* (ou seja, os centros de energia que vão do coração até o topo da cabeça) abrem-se mais rapidamente do que seus chakras inferiores, trazendo uma corrente de energia e introspecção para suas cabeças e ombros, enquanto a metade inferior de seus corpos permanece relativamente estagnada ou paralisada. Em particular, aqueles que se distraem por alguns dos impressionantes efeitos colaterais da meditação podem começar a se sentir sem chão e perder contato com suas necessidades básicas por comida, sono e exercício físico.

Um simples exercício pode ajudar a se manter em contato com a terra, quando começar a sentir como se estivesse saindo de seu corpo, em algum plano mais etéreo:

1. **Comece sentando-se em silêncio, fechando os olhos e respirando profunda e lentamente.**

   Se possível, sente-se no chão, com sua coluna relativamente reta.

2. **Foque sua consciência em seu abdômen inferior, em um ponto aproximadamente 5 cm abaixo do umbigo e 4 cm dentro do seu corpo.**

   Praticantes de artes marciais chamam esta área de *t'an t'ien* e acreditam que seja o ponto central da energia vital, ou *chi*. Explore esta área com atenção consciente, observando a sua sensação.

3. **Direcione a sua respiração para esta área, expandindo-a quando inspira e contraindo quando expira.**

   Respire, conscientemente e deliberadamente, para dentro de seu t'an t'ien por cinco minutos ou mais, deixando que sua consciência e sua energia se concentrem ali. Note como seu centro de gravidade desloca-se da parte superior de seu corpo para o seu t'an t'ien.

4. **Continue a respirar com seu t'an t'ien, imagine que é uma árvore com raízes que vão fundo para dentro da terra.**

   Sinta e visualize estas raízes originando-se em seu t'an t'ien e crescendo para baixo por meio da base de sua espinha até o chão, difundindo-se pelo solo, o mais profundo que puder imaginar.

(continua)

(continuação)

5. **Sinta e visualize estas raízes extraindo a energia da terra e a mandando para o seu t'an t'ien durante a inspiração e sinta esta energia se difundindo pelas raízes durante a expiração.**

   Continue a sentir e visualizar esta circulação de energia — para cima quando inspira e para baixo quando expira — por cinco ou dez minutos.

6. **Quando seu t'an t'ien parecer carregado e forte, pode se levantar e seguir com o seu dia.**

   De vez em quando, pare por alguns instantes e imagine suas raízes novamente.

Aberturas energéticas

Quando você medita regularmente por semanas ou meses, gera energia que começa a se acumular em seu corpo. Eventualmente, esta energia pode assumir a forma relativamente sutil de êxtase (como descrevi no tópico anterior) — ou ela pode se expressar como a *kundalini*, a poderosa força de vida que (de acordo com a tradição tântrica indiana) vitaliza todas as coisas e se encontra enrolada na base da espinha como uma serpente.

A meditação pode despertar a *kundalini* e enviá-la para cima até o canal energético central (que está alinhado, mas separado da espinha) — assim como outras atividades e eventos como: parto, sexo, oração, emoções fortes e traumas físicos. À medida que a kundalini se eleva — o que pode ocorrer devagar e aos poucos ou de repente e inesperadamente —, ela encontra os sete centros de energia principais (também conhecidos como *chakras*) que estão situados ao longo do canal central, da base da espinha até o topo da cabeça. Para um mapa detalhado dos chakras, veja a Figura 11-1. ***Lembrete:*** os chakras são mostrados na ordem de baixo para cima, sendo o primeiro chakra situado na base da espinha e o sétimo no topo da cabeça.

Aqueles que os veem como uma roda de fiar ou um tufão de energia descrevem que os chakras transformam a energia de uma frequência para outra (por exemplo, de espiritual para emocional) e agem como intermediários entre a vida interior e o mundo exterior de um indivíduo. Aparentemente, funcionam melhor quando estão abertos e relativamente equilibrados. Quando estão fechados ou desequilibrados — uma ocorrência comum —, você pode experimentar alguns problemas e indisposições, ou situações difíceis que correspondem a um determinado chakra.

Figura 11-1: Este é um mapa dos chakras (centros de energia), com seus respectivos símbolos tradicionais.

LEMBRE-SE

Particularmente, as pessoas que meditam frequentemente têm uma propensão em abrir seus chakras superiores (do coração até o topo da cabeça) com relativa facilidade, enquanto mantêm seus chakras inferiores relativamente fechados. Por exemplo, muitas pessoas têm mais facilidade em experiências espirituais ou para sentir amor incondicional por todos os seres do que para lidar com assuntos pessoais básicos como a confiança, a segurança, a intimidade e a autenticidade. Como resultado, estes centros inferiores podem exigir atenção especial e uma investigação sensível e delicada antes que possam se abrir.

Algumas técnicas de meditação visam despertar a kundalini e conduzi-la por meio dos chakras até alcançar o topo da cabeça, onde finalmente irrompe em um momento de iluminação poderosa. Outras técnicas trabalham com a abertura e a energização de chakras específicos. Veja o Capítulo 9 para meditações que abrem o coração. A técnica principal que proponho neste livro, conhecida como meditação de atenção plena, não está focada nos chakras de forma alguma. Mas as pessoas que a praticam podem sentir a abertura de determinados centros de energia como um efeito colateral de sua jornada meditativa.

Para ajudá-lo a reconhecer estas aberturas se e quando ocorrerem descreverei cada um dos chakras com um pouco de detalhes. Uma observação: o tantra indiano, que tem ramificações no Hinduísmo e no Budismo, não é a única tradição que se refere aos chakras. Os cabalistas judeus, os dervishes sufis e os filósofos taoistas, todos têm seu próprio e exclusivo sistema e centros de energia. Junto com as experiências descritas nos itens a seguir, você pode sentir contrações ou constrições na área se o chakra estiver relativamente fechado e uma notável elevação de energia quando ele se abrir.

- **Primeiro chakra:** localizado na base da espinha e conectado com questões de sobrevivência e segurança. Quando ele está relativamente fechado, poderá se sentir inseguro e sem chão, possivelmente até apavorado e desconfiado de sua capacidade de sobreviver. Conforme ele se abre, pode sentir energia descendo por seu corpo até a terra, acompanhado de imagens e sentimentos associados com a segurança e a sobrevivência e também uma percepção geral de estabilidade e confiança. *Expressão positiva:* "Eu estou seguro e à vontade no mundo e no meu corpo".
- **Segundo chakra:** localizado no abdômen inferior, aproximadamente 5 cm abaixo do umbigo; conectado com questões de sexualidade, criatividade e apego emocional. Quando ele está relativamente fechado, pode se sentir envergonhado de seu corpo, sexualmente inibido e emocionalmente desconectado dos outros. Conforme ele se abre, experimenta uma corrente de sentimentos ou imagens sexuais, incluindo possíveis imagens de abuso ou disfunção passadas, bem como uma noção de potência, jovialidade e conexão com os outros. *Expressão positiva:* "Eu sou um ser criativo, sexual, emocional".
- **Terceiro chakra:** localizado no plexo solar, logo abaixo do diafragma e conectado com questões de poder e autenticidade interpessoal. Quando este chakra está relativamente fechado, pode ter dificuldades em confiar (em você ou nos outros), estabelecer limites interpessoais, de expressar ou mesmo

reconhecer, sua própria raiva ou vulnerabilidade. Conforme eles se abrem, você experimenta uma liberação de raiva ou vergonha ou uma intensificação e expansão de sua respiração, e ser apanhado por sentimentos de poder e vitalidade pessoal. *Expressão positiva:* "Eu confio em mim e nos outros".

- **Quarto chakra** (frequentemente chamado de "chakra do coração"): localizado no centro do peito, próximo ao coração e conectado com questões de amor e autoestima. Quando este chakra está fechado, pode sentir autodepreciação, ressentimento e alienação dos outros e ter dificuldade em dar e receber amor livremente. Conforme ele se abre, você experimenta uma liberação de tristezas ou dores passadas, acompanhada por amor, alegria ou amargura e uma sensação de expansão ilimitada. *Expressão positiva:* "Eu sou amoroso e mereço ser amado".
- **Quinto chakra** (também conhecido como o "chakra da garganta"): localizado no centro da garganta; conectado com questões de autoexpressões honestas, diretas e responsáveis. Quando ele está relativamente fechado, pode ter dificuldade em compartilhar seus sentimentos, pensamentos ou preocupações sem que ao mesmo tempo as dilua ou distorça para torná-las mais aceitáveis aos outros. À medida que este chakra se abre, você experimenta uma repentina onda de coisas que sempre quis dizer, acompanhada pela confiança aumentada em sua própria voz de criatividade. *Expressão positiva:* "Eu tenho o direito de expressar a minha verdade".
- **Sexto chakra** (às vezes, chamado de "terceiro olho"): localizado no meio e um pouco acima das sobrancelhas; conectado com a clareza intelectual, a intuição e a visão pessoal. Quando este chakra está relativamente fechado, pode ter dificuldades em pensar claramente ou planejar para o futuro e pode ter opiniões pessoais fortes, preconceitos, ou crenças negativas sobre si próprio. Conforme este chakra se abre, você tem profundas percepções ou intuições que expandem seus horizontes intelectuais ou espirituais, possivelmente acompanhados por visões interiores ou até habilidades psíquicas. *Expressão positiva:* "Eu vejo as coisas claramente".

- **Sétimo chakra** (também conhecido como o "chakra da coroa"): localizado bem no topo da cabeça; conectado com questões de liberdade e transcendência espiritual. Quando este chakra está relativamente fechado (como está na maioria das pessoas), pode se sentir separado da dimensão sagrada ou espiritual da vida. À medida que ele se abre, vai sentir, a princípio uma pressão ou dor leve, acompanhado pela liberação de energia por meio do topo da cabeça e um fluxo que as pessoas descreveram como graça, paz, êxtase ou iluminação. Ao mesmo tempo, pode sentir a sua identidade se dissolvendo e se fundindo com a vasta expansão do próprio ser. Desnecessário dizer, a abertura deste chakra é um evento precioso muito procurado em certas tradições espirituais. *Expressão positiva:* "Eu sou".

Capítulo 12

Desenvolvendo uma Prática que Funciona para Você

Neste Capítulo

- Encontrando técnicas que combinem com sua motivação
- Refinando sua prática com meditações para a mente, coração e corpo
- Descobrindo os benefícios da meditação regular
- Juntando partes para formar uma prática que funcione para você
- Meditando com outras pessoas em grupos, oficinas e retiros

Como pode notar, se olhou rapidamente alguns dos outros capítulos, enchi este livro com técnicas de meditação retiradas de uma variedade de diferentes fontes espirituais e seculares. Talvez eu seja um entusiasta, mas queria me certificar de que cobri todos os fundamentos e meditações disponíveis que interessariam a praticamente todo mundo.

Obviamente, você não pode praticar todas estas técnicas — e nem se interessaria por isso. Então, vou mostrar como escolher aquelas que são adequadas às suas necessidades particulares. Pode também aprender algumas dicas sobre como encontrar outras pessoas para meditar junto — e como criar seu próprio retiro espiritual por um dia.

Juntando as Peças do Quebra-cabeças

Em séculos passados, as pessoas comuns não tinham a oportunidade de dar uma folheada em uma cópia do *Meditação para Leigos* e escolher exatamente as suas técnicas favoritas de meditação; eles se consideravam extremamente sortudos se por acaso encontrassem um professor disposto a transmitir algum método secreto. Então, eles levavam o conhecimento para casa e o praticavam obstinadamente pelo resto de suas vidas.

Mas os tempos mudaram e moramos em uma verdadeira superloja de meditação, com uma técnica diferente a cada corredor. Então, o que fazer um pobre garoto ou garota? Bem, você mesmo tem de saber do que gosta e do que não gosta e o que espera conseguir fazendo meditação. Depois, precisa provar um pouco aqui e ali, confiar no seu faro e, eventualmente, decidir por uma abordagem específica. Daí, poderá usar esta abordagem como ponto principal a partir do qual construirá uma prática regular — assim como, digamos, uma maravilhosa refeição pode ser construída a partir de um vinho especialmente requintado. Mas chega de metáforas gastronômicas!

Como saber quais práticas deve incluir em sua própria rotina? No início, é melhor que você comece com simplicidade: escolha uma técnica e permaneça com ela por alguns meses — ou até anos. Daí, quando se sentir confiante na habilidade de se concentrar razoavelmente bem, talvez queira saber como meditadores tradicionais combinam práticas diferentes.

Na tradição Budista, por exemplo, geralmente misturam as meditações criadas para cultivar sabedoria com aquelas que têm o poder de produzir compaixão ou amor. Eles, então, misturam os ingredientes básicos de que precisam com outros como autoquestionamento ou meditações de cura. Depois disso, acrescentam um pouco de meditação de caminhada (para agir como uma ponte entre a meditação sentada e o dia a dia). E, por fim, montam a rotina completa lembrando-se primeiramente do porquê de estarem meditando e, depois, dedicando a virtude ou o poder da meditação ao benefício dos outros. É claro, esta mistura de ingredientes não é uma miscelânea qualquer, mas sim o resultado de milhares de milhares de anos de evolução.

Talvez você não seja tão metódico assim e prefira simplesmente usar a sua intuição e fazer o que lhe parece certo. Se este é o caso, vá em frente! Afinal, o processo de escolher um apanhado de técnicas de meditação pode ser tão pessoal e misterioso quanto o processo de escolher a pessoa certa. Mas antes que faça suas escolhas, aqui estão algumas pistas para a sua motivação: equilibrar a sua prática e confiar em sua intuição.

Diferentes partes para diferentes pessoas

LEMBRE-SE

Assim como você não usaria uma serra para cortar um pedaço de manteiga ou a sua escova de dentes para esfregar o chão, não precisa meditar três horas por dia se estiver somente procurando um pouco de redução de estresse e também não se limitaria a dez minutos se estivesse determinado a se tornar um iluminado no próximo final da semana. No Capítulo 4, descrevi cinco motivações principais para meditação:

- Melhorar a sua vida.
- Compreender e aceitar a si próprio.
- Conhecer sua verdadeira natureza.
- Despertar os outros.
- Expressar sua perfeição inata.

Saber qual destas cinco descrevem melhor a você, pode lhe ajudar a determinar como e quanto meditar. Desnecessário dizer, a maioria das pessoas se encaixa nas três primeiras categorias; as outras duas são, normalmente, reservadas para meditadores experientes. A meditação de atenção plena (mostrada nas faixas de áudio e explicada em detalhes no Capítulo 6) serve como uma prática excelente e fundamental, seja qual for a sua motivação e pode ser estendida a todos os momentos de sua vida. Mas o resto é por sua conta.

Por exemplo, se quer ajudar no processo de cura de uma enfermidade crônica, pode adicionar uma ou mais meditações de cura do Capítulo 14. Se quer se conhecer melhor ou lidar com emoções e comportamentos complicados, siga algumas das técnicas oferecidas no Capítulo 10. E se estiver indo direto ao topo da montanha da meditação (como descrevi no Capítulo 1), experimente as meditações do Capítulo 13 para chegar mais perto de Deus ou obter uma percepção direta de seu ser essencial.

DICA

Não se esqueça de que este livro é simplesmente uma introdução; se quiser ir mais a fundo em qualquer direção, irá precisar de outros livros e por fim, talvez, um professor em pessoa. Para uma lista de livros que possam lhe interessar depois deste, consulte o apêndice.

LEMBRE-SE

O lado negativo de ser um amador

Em toda as áreas de interesse, do beisebol ao mercado financeiro, é possível acumular uma abundância de informações para impressionar a sua família e amigos sem ter que pôr a mão na massa *fazendo* aquilo que conhece tão bem. Por exemplo, memorizar as estatísticas de todos os jogadores da Liga Principal sem nunca ter aprendido como lançar uma bola de beisebol. O mesmo se aplica para a meditação. Como eles dizem no Zen, "Bolos pintados não vão matar a sua fome" — e ler todos os melhores livros de meditação do mundo não irão reduzir o seu estresse ou acalmar a sua mente atarefada nem um pouco (você só vai acabar se tornando aquilo que um professor Budista chamou de um "materialista espiritual"). Você precisa arregaçar as mangas e pôr em prática o que leu.

Da mesma forma, não fará progresso algum envolvendo-se superficialmente em técnicas diferentes ("Humm, hoje é terça-feira; acho que é hora de atenção plena"). Precisa escolher uma (ou duas) e ficar com ela. Lembra-se do antigo provérbio, "Um oceano de conhecimento com um metro de profundidade"? Bem, seu objetivo é conhecer profundamente a meditação e não acumular alguns truques para incluir na sua coleção.

Quando se deparar com inquietação ou tédio, não pense imediatamente que cometeu um erro. Em vez disso, use a sua resistência entre outras emoções e estados da mente complicados como combustível para o moinho de sua meditação.

Crie uma prática regular

LEMBRE-SE

Agora que já tem alguns direcionamentos para juntar as diversas peças, molde uma prática que possa fazer dia após dia. Lembre-se de mantê-la simples — afinal de contas, o propósito da meditação é relaxar o seu corpo e acalmar a sua mente agitada e não tornar a sua vida mais complicada. Estas são algumas etapas básicas para a criação de uma prática regular que funcione:

- **Escolha uma técnica central.** Se não fizer nada além disso, pelo menos criou uma prática de meditação viável que irá lhe servir muito bem. Recomendo a meditação de atenção plena, pois ela ensina habilidades que podem ser aplicadas em todas as atividades e momentos de sua vida; mas algumas pessoas preferem a meditação de mantra ou a concentração em um objeto visual.
- **Refine a sua prática.** Como sugiro no tópico anterior, tente incluir uma outra prática, ou duas, que cultive qualidades diferentes da mente, corpo e coração. Mas se tem somente um pequeno espaço de tempo por dia, fique com a sua técnica central, em vez de tornar a coisa complexa.
- **Decida o quanto e com que frequência.** Dependendo de sua motivação e suas razões para meditar, vai ter que meditar por períodos mais longos ou mais curtos e com mais ou menos frequência. Seu interesse em meditação pode aumentar e diminuir proporcionalmente às fases de sua vida. Por exemplo, pode haver períodos em que foque mais em realizações externas ou na vida familiar e outros em que preste mais atenção a descobertas interiores. Para orientações sobre como programar a sua meditação, veja o Capítulo 8.
- **Mantenha a regularidade.** Nunca é demais repetir isso. Qualquer outra coisa que faça (e sejam quais forem as fases de sua vida), fique junto de sua técnica central como faria com sua pessoa amada ou seus filhos — haja o que houver, nos altos e baixos, na fome e na fartura e em qualquer outro clichê que conheça.
- **Inclua outras práticas conforme o necessário, mas mantenha-se fiel a elas.** Por exemplo, se ficar doente, não hesite em incluir uma meditação de cura. Se quer abrir o seu coração um pouco mais, inclua uma meditação de bondade. Mas não sacrifique a sua técnica central e siga firme com a nova também.

- **Saiba quando ir mais a fundo.** Se tem necessidade de mais tempo em sua almofada de meditação, então, sem sombra de dúvidas, vá em frente. Quanto mais pratica, mais a fundo vai — e saberá intuitivamente quando está pronto. É melhor esperar até que queira, em vez de se pressionar porque pensa que "deveria". Para sugestões sobre retiros de meditação, veja o tópico "Onde Houver Dois ou Mais: Meditando com os Outros".

LEMBRE-SE

Respeitando os ciclos de prática

Geralmente não gosto de falar sobre progresso em meditação. Prefiro lembrá-lo de que sempre esteve onde quer chegar, que é exatamente o aqui e agora. No mínimo, a meditação envolve remover todos os véus que impedem que veja o que sempre foi verdade.

É principalmente importante perceber que a meditação não implica um desenvolvimento ou melhora linear. Todo dia é um novo dia e toda meditação diferente da anterior. Um dia a sua mente pode parecer extraordinariamente clara e tranquila, como a conhecida lagoa da floresta, fazendo com que conclua que finalmente pegou o jeito da meditação. No dia seguinte, sem aviso nenhum, sua mente pode parecer tão turbulenta quanto um oceano durante uma tempestade. Veja só que melhora linear!

Em vez de uma linha, prefiro usar a imagem de um espiral que fica girando em círculos, mas expandindo-se aos poucos. Você pode passar por períodos em que as circunstâncias desafiadoras da vida, como mudanças de carreira, perdas ou separações, provoquem emoções e padrões difíceis que interferem em sua meditação. Então, pode passar por períodos mais tranquilos, nos quais a sua concentração se aprofunda e a sua mente se estabiliza. Se continuar meditando pacientemente, sem ficar muito desencorajado ou entusiasmado, vai perceber que gradualmente se expande para incluir cada vez mais quem você é — os altos e baixos, os trancos e barrancos, as fases difíceis e as fáceis. No processo vai se tornar mais alegre e tranquilo — mas não da forma mensurável e linear que talvez esteja esperando.

- **Procure ajuda quando precisar.** Você só pode se aventurar sozinho até um certo ponto em um terreno desconhecido. Se começar a encontrar problemas em sua meditação ou se deparar com experiências que o confundam ou assustem (ou simplesmente queira ter certeza de que está fazendo certo), procure um professor.

Onde Houver Dois ou Mais: Meditando com os Outros

Todas as grandes tradições meditativas concordam: meditar com os outros traz enormes benefícios para melhorar a sua prática individual e acelerar sua evolução pessoal e espiritual. Os Budistas se referem à prática em grupo como uma das três joias ou tesouros da meditação, junto com o professor despertado e a verdade em si. Os Judeus acreditam que Deus realmente escuta quando dez de seus fiéis se reúnem para rezar. E o próprio Jesus coloca isso de forma elegante: "Onde houver dois ou mais reunidos em meu nome, haverá amor".

Inclusive, pesquisadores como Dean Ornish descobriram que a sensação de integridade e conectividade com os outros não só melhora a qualidade de vida, mas também aumenta a longevidade. Em um estudo, pessoas que responderam sim a estas questões: "Você se fortalece pela sua fé religiosa?" e "É membro de alguma organização que se reúne regularmente?", tiveram sete vezes mais chances de sobreviver a uma séria cirurgia no coração, comparados com aqueles que responderam não. Em outro estudo, mulheres sendo tratadas convencionalmente da mesma forma contra câncer de mama foram divididas em dois grupos — um se encontrava uma vez por semana para apoio mútuo e o outro não. Após cinco anos, as mulheres que se encontravam viveram o dobro do tempo daquelas que não se reuniam.

Em um nível mais prático, você pode simplesmente encontrar coragem em outros meditadores para persistir em algo que às vezes pode parecer uma busca tediosa. Poderá também discutir sobre sua prática e receber sugestões úteis baseada na experiência dos outros —

talvez eles já tenham resolvido os problemas ou cruzado o terreno em que você se encontra agora.

Pode estar imaginando como encontrar outras pessoas para meditar. Bem, existem várias opções: pode procurar um grupo ou uma classe já formada, formar o seu próprio grupo ou participar de uma oficina de meditação de final de semana ou um retiro em grupo.

Formando ou se afiliando a um grupo de meditação

Agora que a meditação se tornou uma busca mais popular, tem sido cada vez mais fácil encontrar aulas de meditação em lugares acessíveis, como igrejas ou sinagogas, centros comunitários, programas de educação para adultos e centros de ensino locais. O problema é que você pode não se interessar pela técnica que eles estão ensinando, ou talvez já saiba meditar e queira simplesmente o apoio do calor humano dos outros.

DICA

Você pode perguntar para amigos que meditam ou dar uma olhada nos quadros de aviso ou nos classificados à procura de anúncios para a formação de grupos. Poderia, ainda, tomar a iniciativa e formar você mesmo um grupo desses! Os participantes não têm que praticar a mesma técnica ou ter as mesmas crenças espirituais ou religiosas — eles só precisam estar dispostos a se sentar em silêncio na mesma sala fazendo aquilo que fazem. Comece lendo trechos da literatura espiritual mundial, se todos parecerem receptivos a isso, e finalize com um debate ou um silêncio total em que as pessoas oferecem aquilo que seus ânimos os levarem a compartilhar. Ou então, podem simplesmente se reunir, todos se sentam em silêncio, sorriem uns ou outros e deixam acontecer. O formato é por sua conta.

Participando de sua primeira oficina ou retiro

Se estiver se sentindo ousado ou simplesmente querendo instruções e orientações mais profundas, registre-se em um grupo de meditação por um período prolongado. Muitas das organizações contidas no Apêndice deste livro têm centros regionais que oferecem instruções individuais como oficinas, grupos ou retiros. Procure um monastério, comunidade ou ashram, para sentir um pouco do que é viver com um grupo de pessoas cujo foco principal é a prática da meditação.

Certifique-se de que sabe com antecedência o que está fazendo em seu retiro e seja cauteloso com os costumes de alguns grupos de quererem converter os outros a suas respectivas ideologias ou crença — a menos, obviamente, que esteja interessado.

DICA

Além disso, não importa o quanto o ambiente seja relaxado ou quão pacífico seja a receptividade do retiro, você pode sentir um pouco de medo no começo, pois períodos prolongados de meditação em silêncio não proporcionam nenhuma das distrações comuns, como celulares ou televisões, que evitam que encare a si mesmo. Portanto, não se surpreenda ao inscrever-se e depois achar várias razões, como crianças doentes e emergências de trabalho, para desistir no último minuto. Minha sugestão: mantenha-se fiel a sua intenção original e vá mesmo assim. Ficará contente de ter ido.

Estas são algumas outras razões que você usar para adiar a sua primeira oficina ou retiro, com algumas respostas:

- **"Eu ainda não sou bom o suficiente".** É compreensível que se estremeça com a perspectiva de sentar-se em silêncio por três, quatro ou até mais horas todos os dias quando você já tem dificuldade em demonstrar paciência por apenas quinze minutos. Mas não deixe que este medo lhe detenha — você ficará surpreso e satisfeito em ver como a sua concentração pode aumentar e quanto tempo consegue sustentá-la quando tem o apoio de um professor ou um grupo de pessoas com ideias afins.
- **"Eu tenho problemas na coluna ou no joelho".** Se tem limitações físicas sérias, talvez precise tomar precauções especiais e até seguir uma programação modificada, mas não se assuste ou desanime. Simplesmente lembre-se de avisar os encarregados do retiro com antecedência para que eles possam ajudá-lo a ficar confortável. Se sente apenas as dores usuais que acompanham a meditação sentada, ficará feliz de saber que elas até melhoram e diminuem as as distrações durante o período de seu retiro — e muitos professores oferecem instruções para lidar com as dores durante o retiro.

- **"Eu não tenho tempo".** O que quer dizer, exatamente? Está dizendo que todo o tempo extra entre agora e o próximo Natal já está reservado? Bem, sem problemas. Mas se decidir que realmente quer participar de um retiro, eu lhe garanto que o tempo irá se materializar como num passe de mágica. E, quem sabe? Talvez ache que a percepção e a paz de espírito que traz de lá lhe proporcionarão mais tempo do que precisa.

Monge por um dia: Criando seu próprio retiro solitário

Se tem meditado periodicamente por semanas ou meses (ou anos) e está inspirado a praticar por um período prolongado de tempo, mas prefere fazer isso sozinho (ou não têm acesso fácil a um grupo), pode projetar e seguir a sua própria programação de retiro. Só precisa de tempo (que seja a metade de um dia, inicialmente), o lugar (seria melhor se não tivesse as distrações de sua casa, mesmo morando sozinho) e uma dose extra de motivação e autodisciplina.

LEMBRE-SE

Lembre-se de reservar períodos para ambas as meditações, sentada e caminhando (para descansar seus joelhos e sua coluna); e alguns intervalos em aberto, não programados, para que possa simplesmente estar ou caminhar na natureza e ouvir os pássaros; e use a programação como uma guia, em vez de um cronograma rígido que tira todo o prazer de sua prática. Se precisar fazer adaptações para inspiração ou por causa de limitações físicas, fique à vontade. E lembre-se de manter o espírito de meditação e a prática da atenção plena ao longo do dia, quer esteja meditando, tirando um cochilo ou indo ao banheiro. Pode ser útil levar este livro e os áudios junto com você para orientação, se necessário.

Esta é uma sugestão de programação para o retiro em um dia que um iniciante deveria ser capaz de seguir sem dificuldades. Novamente, sinta-se à vontade para adaptá-la a suas limitações, necessidades e preferências pessoais — e vá ao banheiro durante a meditação caminhada ou nos intervalos, conforme mandar a natureza:

8h às 8h45	Café da manhã (meditação comendo)
8h45 às 9h	Contemplação (de sua profunda intenção ou motivação de fazer este retiro)

9h às 9h30	Meditação sentada
9h30 às 9h45	Meditação caminhando
9h45 às 10h15	Meditação sentada
10h15 às 10h30	Intervalo para alongar
10h30 às 11h	Meditação sentada
11h às 12h30	Ler ou ouvir um livro ou discursos de inspiração
12h30 às 13h30	Almoço (meditação comendo)
13h30 às 15h30	Sesta, caminhada, yoga, ou mais leitura espiritual
15h30 às 16h	Meditação sentada
16h às 16h15	Meditação caminhando
16h15 às 16h45	Meditação sentada
16h45 às 17h	Meditação caminhando (ou intervalo para alongar)
17h às 17h30	Meditação sentada
17h30 às 17h45	Dedicação (dos méritos deste retiro, em benefício de todos)
17h45 às 19h	Jantar (meditação comendo)

Noite Opcional

19h às 19h30	Meditação sentada
19h30 às 19h45	Meditação caminhando
19h45 às 20h15	Meditação sentada (ou ler ou ouvir algo de inspiração)
20h15 às 20h30	Meditação caminhando
20h30 às 21h	Meditação sentada
21h às 21h15	Dedicação

Quem sabe? Talvez você nunca mais veja as coisas da mesma forma.

Parte IV

Meditação em Ação

A 5ª Onda por Rich Tennant

"As crianças adoram quando o Chuck medita".

Nesta parte...

Você vai descobrir como estender a meditação para todas as áreas de sua vida. Afinal, qual é a vantagem de se sentar calmamente por meia hora e ficar estressado pelo resto do dia? Quando conseguir ficar presente e atento e manter o seu coração aberto — mesmo quando estiver discutindo o seu relacionamento, dirigindo no congestionamento ou lidando com uma criança gritando ou um chefe enfurecido —, saberá como meditar não importa onde esteja.

Também explorará a rica e profundamente gratificante meditação de busca espiritual e aprenderá grandes técnicas para utilizar o poder da meditação para auxílio na cura e para aumentar o seu desempenho.

Capítulo 13

Cultivando a Espiritualidade

Neste Capítulo

- Descobrindo as características de uma experiência espiritual genuína
- Conferindo o "rio" espiritual que percorre todas as religiões
- Superando a separação e aproximando-se de Deus (ou do Eu, do espírito, da fonte)
- Obtendo percepção de uma realidade mais profunda por trás de todas as aparências
- Encontrando e avaliando um professor espiritual

Ao longo deste livro, refiro-me repetidas vezes a *espiritualidade*, embora geralmente a disfarce em metáforas e abstrações. Afinal, de que outra forma poderia expressar o inexpressável? No Capítulo 1, falo sobre escalar a montanha da meditação e descrevo brevemente o que você pode encontrar ao chegar ao topo. Em outras partes do livro uso palavras como *ser* ou *natureza verdadeira* ou *perfeição inata*. Bem, se estas alusões um tanto enigmáticas a uma *dimensão espiritual do ser* despertaram o seu interesse, é neste capítulo que você descobre como usar a meditação para explorar a espiritualidade ao máximo.

Não, eu não lhe darei instruções detalhadas de como se iluminar ou encontrar Deus diretamente — para isso talvez precise consultar outros livros. Mas ofereço uma breve amostra do que o caminho espiritual tem a oferecer, para que saiba qual direção tomar em sua jornada.

Se alguma vez passou pela seção de espiritualidade ou religião em sua livraria local, sabe quantos livros existem que pretendem ensinar o caminho a ser seguido. Mas você pode estar se perguntando, entretanto, o que tudo isso significa. Ou talvez esteja buscando um pouco de orientação para discernir uma abordagem da outra. Aqui estão algumas respostas — baseadas em minha reconhecida compreensão limitada, é claro.

Lembrete: o capítulo que está prestes a ler é repleto de terminologia espiritual que pode ser ofensiva para o leitor não espiritualizado. Caso se contorça em sua cadeira ao ouvir palavras como *espírito* ou *graça* ou *realidade superior*, talvez prefira pular este capítulo. Por outro lado, pode também tentar se abrir para toda uma nova dimensão de experiência. Opa! Novamente uma daquelas palavras!

O Que Significa Espiritualidade, para Começo de Conversa?

Se medita regularmente, vai ter experiências espirituais — com certeza. Acompanhando a sua respiração, recitando um mantra ou simplesmente sentando-se em silêncio e ouvindo com toda atenção ao som do vento passando pelas árvores, você está se desligando de suas preocupações usuais e se sintonizando com o momento presente. É aí que os vislumbres da dimensão espiritual do *ser* geralmente acontecem — no presente. Na realidade, como sugere o título do best-seller *O Poder do Agora (Editora Sextante)*, estar presente com a consciência é uma atividade espiritual inerente. Interpretando um velho ditado, as experiências espirituais são acidentes — mas você se torna mais propenso a se acidentar quando medita.

ASSUNTO ESPIRITUAL

A seguir, algumas experiências que poderá encontrar:

- Uma percepção diferenciada de sua interconectividade com outros seres e coisas.
- Um surto de amor ilimitado, incondicional que se difunde pelo seu corpo.
- Um fluxo prazeroso de graça, bênção ou iluminação superior.
- Uma percepção direta da natureza vazia, insubstancial e transitória de todas as coisas.
- Uma corrente de energia na espinha por meio dos centros de energia que o deixa mais expandido ou em contato com o espírito (para mais informações sobre os centros de energia, veja o Capítulo 11).

- Uma sensação de sons, cores ou formas interiores sutis que tem significado espiritual.
- Uma sensação de seu corpo dissolvendo em luz ou expandindo seus limites e dissolvendo-se no espaço.
- Uma alteração de identidade, de ser o corpo-mente passando a ser o espaço ou consciência onde o corpo-mente existe.
- Uma consciência profunda e precisa (além da mente) de uma presença sagrada que existe tanto dentro quanto além do universo de espaço e tempo.
- Visões de anjos ou outros seres espirituais.
- Uma consciência direta da presença Divina.
- A experiência interior de ser amado por Deus (ou de estar com Ele).

E como saber se teve ou não uma experiência espiritual? Ou, em outras palavras, o que torna uma experiência espiritual? Bem, você pode se levantar após a sua meditação e dizer: "Uau, esta foi uma experiência espiritual". Ou a experiência pode de alguma forma se encaixar com suas crenças e fornecer mais provas ou ampliações do que já sabia. Ou talvez simplesmente sinta-se inspirado, expandido, com mais amor e aberto para si próprio ou para os outros como consequência. Como mencionei no Capítulo 6, a palavra *espiritual* vem do latim "respirar" ou "energia vital". Entre as palavras relacionadas estão *inspirador* e *respiração*.

DICA

As definições de *espiritualidade* e *experiência espiritual* realmente dependem da pessoa a quem você pergunta. Algumas pessoas veem a espiritualidade como a centelha vital que anima e alenta seus envolvimentos religiosos. Outras veem a sua espiritualidade de forma objetiva, sem dogmas ou rituais religiosos. Mas seja qual for a orientação deles, todas as definições apontam para a visão de algo mais profundo ou superior, mais real ou mais significativo do que nossas vidas diárias, rotineiras.

Em seu clássico *The Varieties of Religious Experience (As Variedades de Experiências Religiosas)* escrito na virada do século XX, o estudioso americano William James registra que as experiências espirituais geralmente têm quatro características:

- **Inefabilidade:** elas não podem ser explicadas com palavras, devem ser experimentadas diretamente.
- **Percepção:** geralmente envolvem a descoberta de verdades importantes, profundas, que não podem ser compreendidas pela mente racional.
- **Impermanência:** duram um período limitado de tempo, mas podem repetir-se e seus significados podem continuar se revelando, embora as experiências em si se diluam na memória.
- **Passividade:** Você pode se preparar para experiências espirituais, mas no momento em que elas aconteçam, as recebe passivamente e elas se clareiam em sua consciência com um poder próprio.

DICA

Onde fica a "dimensão espiritual"? Algumas pessoas a experimentam dentro de si, em seus corações, no centro do corpo ou na parte mais profunda de seus seres, além do corpo ou da personalidade. Outros a sentem do lado de fora, acima ou em volta delas, por meio de seres espirituais ou outros planos de realidade (como anjos ou espíritos ou bodhisattvas) ou simplesmente através da corrente ou energia que inspira todas as vidas. Você pode vivenciar suas experiências espirituais ao assistir ao pôr-do-sol ou caminhar na praia, por exemplo, ou brincando com seus filhos ou passando um tempo sozinho, abrindo-se para a própria consciência. Essencialmente, é como se a dimensão espiritual existisse tanto dentro quanto fora de nós, no íntimo de nossos seres e das coisas, além das limitações usuais de espaço e tempo.

A "filosofia perene": Onde todas as religiões convergem

Caso pense que esta coisa de espiritualidade pertence apenas a algumas tradições, gostaria de apontar que certos filósofos pesquisaram as grandes religiões mundiais, do Cristianismo ao Zaratustrismo e descobriram que existe um rio espiritual que passa por todas elas. Este rio é chamado de *filosofia perene*, que consiste de três correntes ou princípios interligados. Sei que esta conversa está ficando um pouco séria, mas seja paciente — vou animá-la o máximo que puder.

- **Existe uma realidade maior que é a base do mundo das coisas, das vidas e das mentes, como nós as percebemos.** As principais tradições concordam que existe uma realidade divina ou espiritual, embora possam diferir quanto ao modo como se expressa, seja transcendendo, inspirando ou sendo essencialmente idêntica ao mundo em que vivemos. Alguns chamam de *Deus* ou *Espírito Santo*, o único (ou únicos) que criou o universo e continua a orquestrar sua vida lá de cima. Outros chamam de o *fundamento da existência*, a essência impessoal que nos apoia e sustenta. Há ainda aqueles que o chamam de *vazio*, *natureza essencial*, o *Eu*, ou *Tao*. Independentemente de como a chamem, essa dimensão espiritual é um mistério sagrado que proporciona significado, propósito e verdade a vida humana.
- **Existe, em cada um de nós, algo parecido, ou até idêntico, com essa grande realidade.** Aqui novamente, as tradições podem discordar da forma como a realidade se apresenta. Os Cristãos o chamam de *alma*, os Judeus de a *centelha divina interior*, os Hindus de *atman* e os Budistas usam as palavras *natureza de Buda* ou *grande consciência*. Mas todos concordam que esse algo nos conecta com a realidade maior (ou superior ou mais profunda) que fundamenta a vida.
- **O objetivo maior a se alcançar na vida humana é conhecer essa realidade superior.** O místico Sufi busca a união com ela, o monge Budista aspira despertá-la, o Cristão contemplativo anseia vislumbrá-la — e a maioria de nós se contenta em se sentir conectada a ela (ou simplesmente mostrar respeito em igrejas, templos ou sinagogas de vez em quando). Em qualquer abordagem, as principais tradições espirituais concordam que todos os seres humanos abrigam um intenso desejo (por mais que esteja entranhado ou disfarçado) de conhecer esta realidade maior.

Como mencionei no Capítulo 1, é possível escolher vários caminhos para o alto da montanha do *ser*. Mas todos os caminhos concordam que a montanha existe, que você é, de alguma forma, chamado para subi-la (talvez pelo simples fato de ela “estar lá”, como disse Sir. Edmund Hillary, a respeito do Everest) e que descobre que o topo já existia (pelo menos de alguma forma) dentro de você o tempo todo.

Da fé a realização: Os níveis de envolvimento espiritual

É possível se relacionar com todo este mundo espiritual de diversas maneiras. Pode ignorá-lo completamente — mas duvido que teria chegado até este ponto do capítulo se não tivesse interesse algum no assunto. Pode acreditar nele de uma forma ou de outra. Talvez você acredite em anjos, seja adepto da doutrina de uma determinada religião ou leia livros sobre xamãs, santos ou sábios e acredite na realidade que eles descrevem. Ou pode querer experimentar a dimensão espiritual por si só.

DICA

Por questões de praticidade, gosto de dividir o envolvimento espiritual em seis níveis. Eles não se excluem mutuamente — é possível se envolver com um, dois ou todos eles, se quiser. Eles não têm qualquer hierarquia entre si; ou seja, um não é necessariamente melhor, superior ou mais avançado do que outro. Eles certamente não são imutáveis; são simplesmente a minha forma de compreender uma coisa que é, acima de tudo, incomensurável. Estes são os seis níveis:

- **Acreditar na força vital:** uso a palavra *energia* para me referir à realidade maior que comentei antes e que é a base do mundo comum das pessoas e coisas. Acreditar em energia é um primeiro e importante passo, porque abre a possibilidade de chegar mais perto dela de alguma maneira.
- **Despertar a força vital:** quando você tem um vislumbre da dimensão espiritual (uma das experiências espirituais citadas previamente neste capítulo), não mais apenas acredita — agora você sabe. Mas tais experiências podem perder a força e se transformar em meras memórias, a menos que sejam prolongadas ou repetidas pela prática espiritual periódica.
- **Estar em contato com a força vital:** às vezes, despertar o transforma consideravelmente. Quando olha para as pessoas e coisas, não mais as vê da velha forma. Em vez disso, elas têm um novo significado e profundidade e você passa a estar em contato com a dimensão espiritual, esteja onde estiver e faça o que fizer.

- **Estar inspirado pela força vital:** sente não somente a presença da força vital em todos os seres e coisas, agora sabe seguramente que ela está dentro de você, entremeada em todas as fibras de seu ser — ou, em outras palavras, que você e a força vital são basicamente a mesma coisa. Sente claramente esta força como uma realidade maior ou a essência de sua vida que o conecta com tudo.
- **Estar unido com a força vital:** quando a separação desaparece e você se funde à realidade maior, alcança o estado de *unicidade* que os místicos e mestres Zen descrevem. Mas até que esteja perfeitamente integrado a esta percepção de todos os aspectos em sua vida, provavelmente entrará e sairá da unicidade sem que esteja completamente estabelecido ou arraigado a ela.
- **Sem separação entre a força vital e a vida cotidiana:** agora você tem certeza de que a realidade cotidiana e habitual a sagrada dimensão espiritual e sua própria natureza essencial são uma única e mesma coisa. Não importa aonde vá ou o que faça, encontra o divino em todo mundo e em todas as coisas, sem um mínimo sinal de separação.

Dissolvendo ou expandindo o Eu: O propósito da prática espiritual

As grandes tradições espirituais também concordam que a razão principal de nosso sofrimento — e o problema principal que precisamos resolver — é a sensação de ser um indivíduo separado, isolado, desconectado de Deus ou da fonte ou de nossa própria natureza essencial. Quando meditamos, criamos uma ponte para o aparente abismo que o separa e se conecta com sua respiração, seu corpo e seus sentidos, seu coração, o presente, e, por fim, com uma realidade maior. É esta conexão que proporciona a cura, como o Dr. Dean Ornish e outros pesquisadores descobriram. Para mais informações sobre a revolucionária pesquisa do Dr. Ornish para reverter doenças cardíacas, veja o Capítulo 2.

MEDITAÇÃO

Contemplando um texto espiritual

Esta é uma meditação tão velha quanto a própria escrita — ou mais, já que as pessoas vêm memorizando textos espirituais bem antes de saberem escrever.

1. **Comece sentando-se em repouso, fechando os olhos e respirando profunda e lentamente algumas vezes, relaxando um pouco a cada expiração.**

2. **Escolha uma passagem favorita da literatura espiritual e leia algumas frases ou parágrafos — apenas o suficiente para transmitir alguma verdade espiritual, mas não o suficiente para ativar a sua mente analítica.**

   Se não sabe ao certo onde procurar material, comece por uma antologia geral, como *The Enlightened Heart (O Coração Iluminado)* ou *Spiritual Literacy (Literatura Espiritual)* de Frederic e Mary Ann Brussat.

3. **Observe como a passagem o afeta.**

   Ela faz com que se sinta mais expandido ou relaxado? Ela o inspira ou causa lágrimas de gratidão ou apreciação? Ela lhe lembra alguma experiência espiritual ou introspecção que teve antes?

4. **Deixe com que a passagem continue a agir sobre você.**

   Leia-a novamente e reflita sobre ela, se quiser, ou simplesmente permita que certas palavras ou frases ressoem em seu coração e mente. Mas não analise ou pense sobre ela de sua maneira usual — apenas sinta a ressonância ou vapor de verdade que ela emite.

5. **Considere que as palavras são simplesmente uma caixa que guarda um tesouro precioso.**

   Ao contemplar as palavras, você descobre o tesouro — mas não fique fixado às palavras.

6. **Quando se sentir completo, pode começar a meditar de sua maneira usual.**

   Ou levante-se e siga com seu dia.

7. **Quando uma palavra ou frase da passagem vier à mente durante o dia, pare por um instante e permita que ela aja sobre você.**

   Quanto mais ler ensinamentos espirituais desta maneira, mais você consegue assimilá-los e torná-los seus.

Como mencionei no tópico anterior, você pode acreditar na força vital, despertar para ela, manter contato com ela e tornar-se íntimo dela — todos estes estágios muito importantes e inestimáveis da jornada espiritual. Na verdade, quase todo mundo que conheço, incluindo eu mesmo, está em algum lugar ao longo desta sequência. Mas o objetivo derradeiro da prática espiritual é ajudá-lo a superar toda a aparente separação e tornar-se completamente uma coisa só com a força vital.

Dissolvendo o Eu

DICA

O que lhe mantém separado? Bem, algumas tradições chamam de *ego* ou *eu*, outros chamam de *personalidade*, *orgulho*, *autoimagem*, ou *autoapego*. Basicamente, são as crenças e as histórias que descrevi no Capítulo 5, a turbulência, as preocupações egocêntricas e padrões interiores que o impedem de ver as coisas claramente. É claro, estas preocupações e padrões estão fortemente arraigados e podem levar uma vida (ou vidas!) de prática dedicada para serem desfeitos. Em um nível mais profundo de compreensão, na prática, nunca está separado da força vital, nem por um instante — só pensa estar. Entretanto, esta é a charada que precisamos resolver. Como dizia o grande sábio indiano Ramana Maharshi, "A única coisa que separa você do Eu é a crença de que está separado".

À medida que revela estes padrões, gradualmente dissolve o *eu* limitado que acreditava ser e conhece sua identidade com a realidade maior. Novamente, esta jornada pode demorar muito, muito tempo (até mesmo vidas, se acredita em reencarnação) e pode estar cheia de dificuldades, medos e incertezas, como verá na biografia de qualquer santo ou sábio. Além disso, precisa desenvolver uma quantia saudável de amor e aceitação própria se quiser começar a percorrer a jornada.

Expandindo o Eu

DICA

Além de dissolver o *eu*, você também pode compreender a jornada espiritual como uma expansão da identidade, de estreita para ampla, até que finalmente se identifique com a *vastidão eterna, luminosa* em si (conhecida também como força vital, espírito ou Deus). Os antigos sábios indianos usavam o modelo dos cinco corpos, que são níveis cada vez mais sutis de identificação, que começam pelo corpo físico e vão até a identificação com a realidade maior propriamente dita.

Este é um modelo semelhante (baseado nos cinco corpos e vagamente adaptado de textos do filósofo Ken Wilber) que pode lhe ser útil para compreender suas próprias experiências e descobertas espirituais. Minhas desculpas, Ken, por mexer um pouco em seus pensamentos. Lembre-se de que cada vez que você expande a sua identidade a um novo nível, incorpora o nível precedente, em vez de deixá-lo para trás.

- **Corpo físico:** algumas pessoas costumam pensar unicamente em comer, beber, trabalhar, dormir e fazer sexo — eles se identificam amplamente com suas necessidades e instintos físicos. As crianças, também, identificam-se mais com este nível, embora também tenham um pé no mundo espiritual, principalmente, durante os primeiros três ou quatro anos de vida.
- **Personalidade:** conforme cresce e interage mais com os outros, você desenvolve uma personalidade — um conjunto de hábitos, tendências e preferências — aliada a uma autoimagem, baseada amplamente em como os outros o veem. Aos poucos, começa a expandir a sua identidade para incluir esta personalidade social e pode ficar preocupado com sua aparência ou a impressão que passa, ou outros atributos relacionados a autoimagem, como posses materiais.
- **Ego maduro:** se passar tempo suficiente explorando sua vida interior e autoanalisando seus sentimentos, valores e pontos de vista mais profundos, pode eventualmente desenvolver um ego maduro — uma noção sadia, bem equilibrada de quem é, do que quer e de como contribuir para outros. As pessoas que se identificam com seu ego maduro aparentam estar embasadas e autoconfiantes e costumam ser autorrealizadoras — ou seja, aqueles que expressam todo o seu potencial em suas relações e carreiras. De acordo com a psicologia oriental tradicional, o ego maduro representa o auge do desenvolvimento humano.

- **Corpo energético:** as tradições espirituais continuam a partir de onde a psicologia oriental termina. Mais além do corpo-mente existe o *corpo energético* (a aura que circunda o corpo físico), que se expande e se contrai, dependendo de seu humor, seu nível de energia e inumeráveis outros fatores. Quer perceba ou não, você está constantemente reagindo aos corpos energéticos das pessoas que encontra.

  O exercício clássico para sentir o seu corpo energético é feito assim: esfregue suas mãos, palmas e dedos, vigorosamente por uns minutos e então as separe, por uma distância de três ou cinco centímetros e sinta o campo energético entre elas. Diminua e aumente a distância, sentindo a energia ficar mais e menos densa e pulsar conforme suas mãos movem.

  As pessoas que expandem sua identidade para incluir seus corpos energéticos percebem que são mais do que simplesmente corpo-mente, o que os abre para a dimensão espiritual do ser.

- **Dimensão transpessoal:** esta ampla categoria abrange toda a variedade de experiências fora do comum, desde a clarividência e outras formas de percepção extrassensorial (PES), até o êxtase e a glória, as visões de anjos, deuses e deusas e outros seres sobrenaturais, a uma comunhão direta com seu eu superior — ou mesmo com uma manifestação pessoal de Deus. Quando você se expande para abranger estes níveis mais sutis do ser, tem absoluta certeza de que é algo muito mais vasto do que já imaginou e começa também a acessar uma fonte superior de sabedoria e compaixão. Experiências de quase morte geralmente se encaixam nesta categoria, assim como as experiências descritas em best sellers como *Conversations with God (Conversas com Deus)* e *A Profecia Celestina*.

- **Percepções do ser:** quando você experimenta o *ser* diretamente, em toda sua perfeição e plenitude inata, percebe que nunca esteve separado do que realmente é, nem mesmo por um instante. Os mestres Zen chamam esta experiência direta do ser de *kensho* — literalmente, ver a sua natureza verdadeira — mas pode precisar de vários kenshos antes de saber, com certeza, quem você é e parar de voltar à sua identificação mais limitada.
- **Base do ser:** apenas os grandes místicos e sábios chegam até aqui. Aqui, você é um só com a energia, ou terreno da existência, sem separação — nas palavras das escrituras indianas, "Você é isso". É óbvio, continua a comer, beber, dormir, a assoar o nariz, mas nunca se esquece, nem por um segundo, de quem realmente é — e seu ser irradia sabedoria e compaixão com os outros.

Agora que tratei desta parte, você pode fechar o seu livro e se preparar para um teste. De verdade — as pessoas realmente têm experiências como estas que descrevo acima e acho que pode querer saber onde está se metendo caso resolva usar a meditação para fins espirituais. Novamente, recomendo muito um professor, caso esta seja a sua intenção. Os métodos para dissolver e expandir o Eu levam, no fim das contas, para um mesmo lugar: o profundo conhecimento interior de que você e Deus ou o terreno da existência são idênticos — são "não dois", como dizem alguns professores. Embora a maioria das tradições espirituais costume dar mais ênfase a um método do que a outro, elas geralmente oferecem ambas as alternativas, dependendo de suas preferências.

Brincando com seu corpo energético

Alguma vez já teve a sensação de ser maior do que seu corpo físico? Ou que o espaço que ocupa se expande ou se contrai, dependendo das circunstâncias? Não, não estou me referindo à dieta. Já teve a sensação de ser ilimitado e de não ter fim? Bem, você sentiu a expansão e contração de seu corpo energético, a aura de energia que rodeia seu corpo físico.

Este é um pequeno exercício para brincar com seu corpo energético:

1. **Comece sentando-se em repouso, fechando os olhos e respirando profunda e lentamente algumas vezes, relaxando um pouco a cada expiração.**

2. **Passe um tempo imaginando-se em uma caminhada na natureza ou passando um tempo com alguém que ama.**

   Note o quão grande se sente.

   Daí, observe como o seu tamanho (não a cintura) muda quando se imagina preso no congestionamento ou pagando suas contas ou envolvendo-se em uma discussão.

3. **A seguir, repare em seu corpo energético, sem imaginar coisa alguma.**

   Até onde acha que ele se expande além de seu corpo físico? 15 centímetros? Alguns metros? Expande-se mais para frente ou para trás? Mais para cima ou para baixo? É mais denso que o ar, ou mais rarefeito? É mais denso em umas partes do que em outras?

4. **Escolha um quarto no qual se sinta confortável, fique de pé ou sentado próximo ao centro e repare nos limites do quarto em todas as direções.**

5. **Encha o quarto com sua energia — encha-o com você!**

   Imagine, sinta, visualize, cante – o que for necessário para preencher o quarto o máximo que puder.

6. **Atraia a energia de volta para si mesmo até que ela forme uma esfera ao seu redor, com 0,5 m ou 1 m de distância.**

   Repare como a energia se torna mais densa.

7. **Brinque de expandir e contrair sua energia desta forma diversas vezes; então, relaxe e perceba como se sente.**

Experimentando periodicamente o seu corpo energético, você pode adquirir uma compreensão direta da verdade espiritual de que é mais do seu corpo físico. Este exercício é adaptado de uma série de exercícios do livro *O Amante Interior*, de Julie Henderson.

DICA

Da mesma forma, as tradições espirituais mundiais diferem nos caminhos que enfatizam. A tradição judaico-cristã, por exemplo, costuma enfatizar o *caminho da devoção*, enquanto o Budismo, em sua maioria, enfatiza o *caminho da introspecção*. Mas aqueles que praticam a devoção geralmente têm introspecções profundas sobre a natureza da existência e aqueles que buscam a introspecção podem também fazer uso da devoção para ajudá-los em sua busca. Aliás, algumas tradições, como o Hinduísmo e o Sufismo, enfatizam as duas. O terceiro principal caminho, a *ajuda incondicional*, que significa dedicar todos os atos a fins espirituais, em vez de pessoais, pode ser usado para intensificar a experiência de devoção ou introspecção. Por exemplo, Madre Teresa serviu os mais pobres dos pobres, como uma expressão de sua devoção a Jesus, enquanto os bodhisattvas da tradição Budista ajudam os outros para se livrarem de suas limitações de ignorância.

O Caminho da Devoção: Em Busca da União

Caso acredite na existência de um Deus pessoal ou teve experiências de uma presença maior, que inspirou sentimentos de admiração e reverência, talvez se relacione melhor com o caminho da devoção. É o principal caminho espiritual nas tradições judaico-cristãs e no Islamismo e forma uma das principais correntes do Hinduísmo.

DICA

Embora os devotos possam se sentir profundamente conectados a Deus e acreditar que existe uma centelha divina brilhando em seus corações, geralmente se sentem dolorosamente separados de Deus. Como diz o autor anônimo do texto místico Cristão *The Cloud of Unknowing (A Nuvem do Desconhecido)*, "Aquele que tem a intensa sensação de existir separado de Deus sente a mais aguda das tristezas. Qualquer outra forma de tristeza parece ser trivial quando comparada a esta". Por meio da contemplação, recitação de mantra (veja o tópico "Mantra: Dirigindo-se a Deus a todo momento", mais adiante neste capítulo), da canção, da ajuda incondicional e outras práticas religiosas, os devotos buscam se aproximar de Deus focando todo o seu amor e atenção em Deus — e por fim, se tiverem uma inclinação mística, fundir-se com Deus completamente em um estado de união arrebatador.

Assim como uma ponte entre o eu e o divino (principalmente quando o divino não tem um lado pessoal, como em algumas escolas do Hinduísmo e Budismo), a devoção também pode ser direcionada ao guia espiritual. No Ocidente, por exemplo, o grande poeta Sufi, Rumi, falou de forma entusiástica de seu amor e reverência por Shams de Tabriz, seu "amigo" e professor; e alguns místicos Cristãos escreveram cartas de amor nas quais eles dirigem, uns aos outros, a mesma devoção que dirigem a Deus. No Oriente, alguns professores Hindus exigem a devoção de seus alunos como um passo essencial rumo à maturidade espiritual e Budistas Tibetanos praticam o yoga guru, no qual eles reverenciam o professor como sendo a personificação de suas próprias naturezas essenciais. Veja o tópico "Yoga guru: A prática de devoção Tibetana", mais adiante neste capítulo.

ASSUNTO ESPIRITUAL

Embora o caminho da devoção siga as diretrizes gerais para a espiritualidade discutidas previamente neste capítulo, ele também tem seus aspectos ou fases exclusivas de desenvolvimento. Novamente, este assunto pode parecer bastante sublime — mas se é um místico em desenvolvimento, definitivamente deve ter um panorama do caminho. As fases são as seguintes:

- **Desenvolver virtudes:** em todas as grandes tradições religiosas, os devotos devem se preparar para a união com Deus vivendo uma vida de pureza e moderação.
- **Cultivar o mais elevado amor:** os devotos podem começar sentindo um amor pessoal por Deus ou pelo professor, mas eventualmente este amor evolui para um amor incondicional, transpessoal, que não conhece limites e não depende do objeto amado para ser despertado. Para mais informações sobre amor incondicional, veja o Capítulo 9.
- **Superar a dualidade:** começando com uma dolorosa sensação de separação, o devoto se aproxima cada vez mais e eventualmente consolida-se com Deus, até que não haja sinal de separação. Como disse o sábio Hindu, Swami Vivekananda, "O amante, o amador e o amado são um só".

- **Transcender o Deus pessoal:** por último, o devoto tem que transcender até Deus, caso Deus seja experimentado tendo um nome ou forma específica. A esta altura, o amador e o amado se dissolvem em Deus como o terreno absoluto da existência, a realidade maior, sem nome, sem forma, cuja essência é o amor.
- **Tudo é Deus:** as distinções se tornam bem sutis nestes níveis, mas vamos lá: quando o devoto não precisa mais contemplar ou meditar para que possa experimentar a unicidade com Deus e enxergar a Deus em todos os lugares a toda hora — acordado ou dormindo —, ele ou ela alcançaram o auge do caminho da devoção. Agora que o eu separado e todas as buscas egocêntricas se diluíram, todos os gestos refletem um alinhamento completo com o propósito divino: "Que seja feita a vossa vontade, não a minha".

Para lhe dar uma amostra do caminho da devoção, estes são três práticas que deve tentar. As duas primeiras têm suas equivalências em todas as grandes tradições espirituais do mundo e a terceira traz um exemplo da prática da devoção na tradição Budista.

Mantra: Evocando o divino a todo instante

TOQUE ISSO!

Ao longo da história, meditadores e místicos das principais tradições religiosas recomendam a recitação constante de um *mantra* (uma palavra ou frase sagrada transmitida geralmente por um professor) para trazer o devoto mais perto do divino. Para mais informações sobre mantra, veja o Capítulo 3, ou ouça a Faixa 2. De início, você pode praticar a repetição em voz alta; então, quando se tornar proficiente, repita em silêncio para si mesmo; e, por fim, pode passar para a recitação puramente mental (que é considerada a mais poderosa).

DICA

Alguns praticantes de mantra também manipulam o rosário (ou *mala*, em Sânscrito) para ajudá-los a não desviar a atenção, marcando uma conta a cada recitação. Você pode comprar um *mala* básico em qualquer loja de artigos para meditação ou livraria espiritual. Ou pode combinar o som do mantra com o ir e vir de sua respiração.

Embora possa começar recitando o seu mantra por apenas alguns minutos ou horas de cada dia, o objetivo tradicional é a prática constante. Ou seja, precisa chegar ao ponto onde está repetindo o som ou frase sem pausa, para manter a sua atenção focada no divino e longe dos padrões habituais de pensamento. A meta final é tornar a sua mente unifocal e pensar sempre e somente em Deus — que é o primeiro passo no caminho da união. Se assistiu ao filme *Gandhi*, talvez se lembre de que ele morreu com o mantra "Ram" [um dos nomes Hindus para Deus] em seus lábios.

É óbvio, você seria sortudo se conseguisse lembrar de seu mantra por alguns minutos no início. Mas se recebeu um mantra de um professor (ou conhece um mantra que ache particularmente significativo ou ressonante) e sente forte devoção, sabe-se lá até onde você irá com sua prática? Para inspiração ao longo de seu caminho, leia o clássico espiritual The Way of a Pilgrim (O Caminho de um Peregrino), a história anônima de um camponês ortodoxo russo que entoa o Pai Nosso dia e noite.

O Yoga guru: A prática de devoção Tibetana

Para os praticantes Budistas Tibetanos, o professor raiz, ou *guru*, incorpora a sabedoria e compaixão de todos os seres iluminados através do espaço e tempo. Ao convocar o guru e "orar intensamente com devoção espontânea", nas palavras do grande mestre contemporâneo Dudjom Rinpoche citadas no livro *O Livro Tibetano do Viver e do Morrer*, de Sogyal Rinpoche, "após um tempo, a direta bênção da sabedoria do mestre será transmitida, proporcionando uma realização única, além das palavras, nascida no íntimo de sua mente".

O objetivo da Yoga guru, em outras palavras, é tornar-se um só com a realidade maior (seja Deus, a energia, ou natureza de Buda) primeiro se unindo à mente e coração de um mestre iluminado. Na tradição Tibetana, a mente sábia do guru, que é comparada com a vastidão do céu, é essencialmente idêntica ao *ser* em si.

Felizmente, você não precisa ser um Budista Tibetano para se beneficiar desta prática. Esta é uma versão breve que qualquer um pode fazer, adaptada do livro *O Livro Tibetano do Viver e do Morrer.*

1. **Comece sentando-se em repouso, fechando os olhos e respirando profunda e lentamente algumas vezes, relaxando um pouco a cada expiração.**

   Se já sabe meditar, pode fazê-lo de sua maneira por alguns minutos.

2. **Imagine um ser iluminado ou santo, que particularmente ama ou reverencia, na sua frente e sobre a sua cabeça — talvez Jesus, Buda, Moisés ou Madre Teresa.**

   Se não tem muito interesse em santos ou sábios, simplesmente imagine um ser de sabedoria e compaixão infinita. E se não estiver conseguindo visualizá-lo, apenas sinta este ser vivo em seu coração.

3. **Intensifique a experiência aprofundando os seus sentimentos de inspiração e devoção.**

   Incorpore as bênçãos de todos os santos e sábios iluminados como se estivessem no tempo presente.

4. **Relaxe seu corpo, sinta a presença deste ser em seu coração e invoque-o para ajudá-lo a conhecer a sua própria natureza essencial.**

5. **Permita que sua mente e coração se fundam com a mente e o coração de um ser iluminado, pedindo para que seja preenchido com clareza e compaixão.**

6. **Continue a unificar sua mente e coração com as mesmas do ser iluminado conforme recita um mantra de devoção, se tiver um.**

DICA

Entoar e saudar

Além da meditação e da contemplação, o caminho da devoção geralmente envolve práticas ativas, como entoar, cantar e saudar. Como deve ter notado, se já cantou junto com um coral de igreja ou entoou cânticos religiosos indianos, isso melhora o seu humor, abre seu coração e intensifica sua devoção através da elevação de sua voz em louvor ao divino.

Se tem tendências religiosas (ou a falta delas), tem de misturar a sua meditação com um pouco de entoação ou canto de vez em quando. Escolha músicas que sejam ressonantes ou significativas para você. Por exemplo, conheço muitos Hindus e Budistas que adoram cantar "Amazing Grace".

A tradição sugere que entoar palavras e frases sagradas também tem o poder de abrir, estimular e harmonizar seus centros energéticos. Portanto, entoar ajuda a "afinar" o seu corpo e prepará-lo para meditação e outras práticas espirituais.

Quanto à saudação: que outra melhor forma de praticar a entrega de suas preocupações egocêntricas e padrões virtuais do que ajoelhar-se regularmente? Um famoso mestre Zen tinha sempre um calo em sua testa por ajoelhar-se e saudar repetidamente para abrandar a sua teimosia. Meu primeiro professor Zen costumava dizer, "O Budismo é uma religião de saudação".

É claro, a saudação se apresenta de forma destacada na tradição Judaico-Cristã e Islâmica também; como a meditação, ela é uma prática reconhecida universalmente por superar a separação e aproximar da dimensão espiritual do ser.

Mas saudar não significa abdicar da sua autonomia a alguma força ou poder exterior. Quando você saúda — a Deus, Jesus, Buda, ou a imagem de um professor ou santo —, está, acima de tudo, saudando a sua própria natureza essencial.

Na realidade, gosto de pensar na saudação como uma forma de expressão da unicidade essencial do interior e exterior, aquele que é saudado e aquele que saúda. Ou, como dizem na Índia, "O divino em mim saúda ao divino em você".

7. **Gradualmente, sinta a sua mente e coração se tornando uma só com as do guru — ou seja, vasta, clara e luminosa como o céu.**
8. **Imagine milhares de raios de luz branca fluindo do guru e penetrando cada célula do seu corpo, curando, purificando e fortalecendo-o completamente com a vasta mente de iluminação.**
9. **Deixe que o guru se dissolva em luz e se torne um só com você, para que você e o guru sejam inseparáveis.**
10. **Repouse por vários minutos na vasta, luminosa, ilimitada, natureza da mente.**

    Saiba com certeza que sua mente e a mente do guru são uma só.

Como Encontrar um Professor — e Por que Você se Incomodaria com Isso?

Se quer jogar tênis, mas não sabe, o que faz? Pode ver outras pessoas jogando, talvez comprar um ou dois livros e, então, ir para a quadra e começar a praticar. Mas após dominar os fundamentos, pode querer fazer uma aula ou orientação pessoal para ajudá-lo a melhorar a sua rebatida ou eliminar as falhas que adquiriu ao longo do aprendizado. Claro, alguns prodígios autodidatas, ocasionalmente, podem se tornar profissionais — mas a maioria dos bons jogadores de tênis que pretende melhorar seu jogo em algum momento procura um professor.

DICA

O mesmo se aplica para a meditação. Você pode praticar os exercícios fornecidos neste livro por semanas, meses, ou mesmo anos e obter os benefícios sem orientação adicional. Mas a uma determinada altura do processo pode encontrar dificuldades que não sabe como lidar sozinho. Ou talvez comece a ter experiências espirituais que trazem vislumbres de uma realidade maior que estimulam a sua vontade de explorar mais a fundo. Para continuar progredindo e refinando a sua prática de meditação, precisa encontrar um professor.

Escolhendo o professor adequado

Antes de achar um professor, entretanto, precisa saber que tipo de professor quer. A maioria dos professores de meditação tem uma filiação espiritual específica — são yogis, Zen Budistas ou Cristãos contemplativos, por exemplo — e a orientação que eles oferecem é baseada em suas respectivas jornadas espirituais, assim como ensinamentos de terminologia específicos. Se é isso o que procura, sem problemas — mas se quer orientação direta, sem qualquer tipo de espiritualidade, pode ser mais difícil encontrar um professor.

DICA

Alguns professores de hatha yoga oferecem instruções básicas de meditação com um mínimo de palavras de sânscrito e podem até conhecer suficientemente bem a área para ajudá-lo, caso fique emperrado. Cada vez mais, programas de educação para adultos, instituições de ensino e igrejas locais estão oferecendo aulas de meditação geral ou redução de estresse, mas pode ser uma boa ideia conferir as credenciais do professor primeiro — ele ou ela podem estar no mesmo nível que você.

Se praticar as meditações de atenção plena fornecidas neste livro (ouça a Faixa 4), talvez se interesse pela tradição Vipassana do Budismo, conhecida também como *meditação introspectiva*. Jon Kabat-Zinn, autor do best seller *Wherever You Go, There You Are (Onde Quer Que Vá, Lá Está Você)*, professor de Vipassana há muito tempo e fundador da Clínica de Redução de estresse por meio da atenção plena, no Centro Médico da Universidade de Massachusetts, desenvolveu um programa que oferece treinamento rigoroso para instrutores de práticas básicas de atenção plena. Ou poderia fazer uma aula de Vipassana, usar o que achar significativo e conveniente e esquecer do resto. Muitos professores pegam leve com o Budismo, principalmente em cursos de introdução.

DICA

Se você se interessa por uma tradição ou caminho espiritual em particular, provavelmente será mais fácil encontrar um professor. Mas ainda assim é uma boa ideia levar em consideração o tipo de professor que precisa. Estas são as quatro categorias principais de professores, baseadas no conteúdo de seus ensinamentos e na relação com seus alunos. Os termos que uso aqui não aparecerão necessariamente no currículo ou no portfólio de um professor; são somente a minha forma de especificar as diferentes funções que os professores desempenham. Certos professores podem ser a combinação de algumas das categorias ou de todas as quatro.

- **Instrutor:** ensina as técnicas, oferece bons conselhos de como executá-las e o ajuda a encontrar as falhas ou fazer os ajustes. Pode ser um amigo ou um conhecido.
- **Mentor:** proporciona fortalecimento pessoal e suporte para a sua prática, oferece orientação para quando estiver emperrado e serve como exemplo de alguém que já passou pelo que está passando. Geralmente também ensina as técnicas.
- **Experiente:** transmite o conhecimento articulando e explicando ensinamentos e textos espirituais. Pode ser um estudioso bem como um meditador.
- **Mestre:** incorpora a essência dos ensinamentos espirituais. Ajuda você a ultrapassar seus obstáculos e facilitar o processo de expandir e dissolver o ego. Pode (ou não) ter uma relação intensa ou desafiadora com seus alunos.

Por que talvez precise de um professor?

Como mencionei antes, um instrutor de meditação pode ajudá-lo a refinar a sua prática e lidar com questões básicas que surgem ao longo do processo. Mas se quer ir fundo em sua prática e usá-la como um meio para fins espirituais (como descrevo previamente neste capítulo), com certeza é melhor procurar um mestre ou um mentor espiritual.

Em primeiro lugar, você poderá encontrar dificuldades e desafios como aqueles que descrevo nos Capítulos 10 e 11. Por exemplo, pode ter problemas para lidar com emoções recorrentes intensas, como a raiva ou o medo. Ou encontrar obstáculos como a dúvida ou a procrastinação e não saber como seguir em frente por si só. Ou talvez comece a ter fortes correntes de energia percorrendo sua espinha, para cima e para baixo e não saiba como fazê-las parar. De uma hora para outra, precisará de um professor — urgente!

Conforme segue em sua jornada, poderá encontrar verdadeiras experiências e percepções espirituais que não consiga manter ou encontrar novamente. Na verdade, o processo de revelação espiritual mais se parece com um enorme deserto confuso e sem direção do que com um "caminho", como é chamado, de modo eufêmico. A verdade é que nunca saberá o que encontrará quando praticar intensivamente. Quando experimenta a expansão ou dissolução em sua meditação, por exemplo, pode se deparar com grandes contrariedades vindas das partes de sua psique que não querem que você mude. Afinal, trata-se de transformações radicais — e a maioria de nós resiste até mesmo às mínimas mudanças em nossas vidas.

Seu professor espiritual pode orientá-lo e apoiá-lo por meio do processo de transformação e até acelerar o processo, confrontando os seus impedimentos e hesitações. Alguns professores atuam mais como *amigos espirituais*, tratando-o com a amizade e a igualdade que você esperaria de um colega e também, ao mesmo tempo, compartilhando sua preciosa sabedoria. Outros são mais como *gurus tradicionais*, transmitindo os seus conhecimentos de forma direta e lidando ativamente com suas áreas de dificuldades. É claro, muitos professores estão em algum lugar entre estes dois extremos e combinam um pouco de cada estilo.

Seja qual for o método, entretanto, todos os bons professores ajudam a criar e manter, através de sua relação com o aluno, um recipiente ou espaço sagrado no qual o difícil, fantástico, e, acima de tudo, o liberador processo de transformação espiritual pode acontecer dentro de você.

O que procurar em um professor

Antes de sugerir o que procurar em um professor, gostaria de encorajá-lo a examinar suas expectativas e pressuposições. Quando pensa em um professor espiritual, que imagens ou ideias lhe vêm à mente? Talvez visualize um monge enclausurado usando um manto bege, que lhe dê conselhos espirituais com um calmo tom de voz e que depois retorna para seu canto para continuar a sua prática. Ou talvez pense em um ser feliz e comunicativo que vive no mundo e irradia amor e luz aonde quer que vá.

Algumas pessoas idealizam o professor e esperam que ele seja perfeito — e ficam desiludidas quando percebem que ele não é. Outras ficam no outro extremo e têm dificuldades em tratar qualquer pessoa com respeito ou em desprender-se o suficiente de suas opiniões fortemente arraigadas para permitir que a sabedoria dos outros possa entrar. No Ocidente, temos o costume de desconfiar da autoridade e acreditar que podemos fazer tudo sozinhos. Além do mais, há todos aqueles pregadores, padres e pretensos gurus que são pegos fazendo coisa errada. Embora um pouco de ceticismo possa ser uma coisa boa, o excesso pode fazer com que hesite em se aproximar de professores (e, consequentemente, da prática espiritual) completamente.

Sejam quais forem suas expectativas e pressuposições, talvez precise deixá-las de lado ao procurar um professor, pois ele ou ela pode se apresentar diferente do que imagina. Ao mesmo tempo, talvez queira avaliar o seu futuro professor usando a lista de qualidades, a seguir, que os melhores professores possuem — em minha humilde avaliação, de qualquer modo. Baseei esta lista em minha própria observação no decorrer de mais de 35 anos de prática espiritual. Nem todos os professores terão todas estas características, certamente, mas quanto mais, melhor:

- **São humildes, normais, pés no chão. Não são arrogantes ou orgulhosos.** Em monastérios Zen, o monge superior limpa o banheiro.
- **São honestos, objetivos e claros. Não são ambíguos ou defensivos.** Conforme as pessoas obtêm maturidade espiritual, elas se sentem cada vez mais livres de bagagens psicológicas.
- **Encorajam o pensamento independente e o questionamento aberto em seus alunos, em vez de obediência cega a um específico dogma ou ideologia.**

TOQUE ISSO!

Consultando o guru dentro de você

Antes de sair à procura de um professor espiritual, talvez seja melhor consultar sua própria fonte interior de orientação e sabedoria. Acima de tudo, ela é a única coisa em que pode realmente confiar e um bom professor irá ajudá-lo a encontrar. Sim, é isso mesmo, até mesmo *você* tem um guru dentro de si. Como disse Jesus, "Procure e encontrará; bata e a porta se abrirá para ti". Bem, este é um exercício para procurar e encontrar:

1. **Comece sentando-se em repouso, fechando os olhos e respirando profunda e lentamente algumas vezes, relaxando um pouco a cada expiração.**
2. **Tire alguns minutos para se imaginar em um lugar seguro, confortável, relaxante, tranquilo, usando todos os seus sentidos para tornar a experiência o mais realista possível.**
3. **À medida que você explora este lugar tranquilo, talvez comece a sentir a presença de um ser sábio e compassivo.**

   Saiba que este ser representa o seu eu maior ou sua mais profunda verdade. Sinta-se à vontade para usar qualquer palavra para dar nome a este ser. Você pode sentir esta presença em algum lugar no seu corpo, ou apenas uma intuição de que ela está lá. Se não sentir tal presença de imediato, continue a desfrutar de seu lugar tranquilo enquanto a convida a se mostrar.
4. **Imagine-se acomodado em um lugar específico e olhando para a frente, relaxado e aberto.**
5. **Aos poucos, este ser sábio e compassivo se materializa no espaço à sua frente.**

   Observe como ele aparece. Pode ter a forma de um sábio, homem ou mulher; um mestre Zen, um Cristão contemplativo, pode se apresentar como uma rosa, uma árvore, ou (se você não for muito visual) apenas uma sensação em sua barriga ou coração. Ou talvez seja simplesmente uma versão mais velha e mais experiente de si mesmo.
6. **Receba qualquer forma que aparecer e trate-a com o respeito e a reverência que trataria um professor espiritual.**

   Aviso: se este ser aparenta ser crítico e punitivo de alguma forma, não é este que está procurando, portanto peça para que ele se retire e convide o verdadeiro a se apresentar.

(continua)

(continuação)

7. **Passe alguns minutos de silêncio na presença deste ser sábio e compassivo.**

   Pode imaginá-lo irradiando luz e amor em todas as direções enquanto silenciosamente recebe o que ele tem a oferecer.

8. **Tire alguns minutos para perguntar qualquer coisa e receber as respostas.**

   Não se preocupe se esta troca parecer estranha ou embaraçosa no início; com prática, vai perceber que este ser desenvolve a sua própria voz.

9. **Antes de dizer adeus, você pode pedir a este ser que lhe dê um presente que represente exatamente as qualidades que está precisando neste momento.**

10. **Quando se sentir completo, agradeça a este ser por ter passado um tempo com você hoje.**

    Diga para ele que gostaria de se encontrar novamente no futuro e diga adeus por enquanto.

11. **Aos poucos, desloque a sua consciência para seus sentidos e abra os olhos.**

12. **Pare um pouco para refletir sobre sua experiência e as respostas e presentes que recebeu.**

- **Preocupam-se principalmente com o desenvolvimento espiritual de seus alunos e não com a fama, poder, influências ou o tamanho de suas organizações.**
- **Fazem o que pregam, em vez de se considerarem isentos das diretrizes morais e éticas que os outros devem seguir.**
- **Possuem as mais elevadas qualidades espirituais, como a bondade, paciência, tranquilidade, alegria, paz, amor e compaixão.**

Como encontrar um professor

O processo de encontrar um professor pode ser tão misterioso quanto a própria jornada espiritual. Para algumas pessoas, é bem parecido com encontrar alguém para namorar — envolve uma mistura complexa de sorte, disponibilidade e química. Para outros, é simplesmente uma questão de seguir o conselho de um amigo ou estar no lugar certo na hora certa. Encontrei meu primeiro professor procurando a palavra *Zen* na lista telefônica. Algumas pessoas que conheço encontraram seus professores em sonhos antes de encontrá-los em carne e osso. Usando as palavras de um dito popular indiano, "Quando o aluno estiver pronto, o professor surgirá".

Você precisa, acima de tudo, confiar em sua intuição, sua própria inteligência interior, ao escolher um professor — ela é o único equipamento confiável que você tem para navegar neste nosso fenomenal universo imperfeito. O melhor conselho que já recebi de um professor veio de um sacerdote Budista Tibetano, que tocou o meu peito próximo ao meu coração e disse, "O verdadeiro guru está dentro de ti". Para instruções de como encontrar o seu professor interior, veja o box "Consultando o guru dentro de você" ou ouça a Faixa 11.

Percebi que era levado intuitivamente a professores em função das características do ser que pareciam irradiar. Por outro lado, também trombei inesperadamente com professores através de uma misteriosa coincidência numa sequência de eventos. Seja aberto, mas não ingênuo. Cético, mas não cínico. Sinta-se livre para fazer perguntas, esperar boas respostas e leve o tempo que precisar. De acordo com o Dalai Lama, alunos tibetanos podem levar anos observando professores para terem certeza de que incorporavam os ensinamentos que adotaram. Assim como não deveria se apressar para se casar, não deveria se apressar para algo tão íntimo e profundo como uma relação com um professor espiritual.

Capítulo 14

Usando a Meditação para Cura e Aumento do Desempenho

Neste Capítulo

- Tirando proveito dos avanços recentes da medicina mente-corpo
- Explorando os diversos meios em que a meditação pode ajudar no processo de cura
- Conferindo as habilidades que a meditação tem para ajudá-lo a alcançar o seu melhor
- Meditando do seu jeito para alcançar um desempenho melhor

Se praticar as meditações básicas, ensinadas em outras partes deste livro (principalmente no Capítulo 6), poderá começar a notar que sua saúde melhora gradativamente (mesmo que já se considere saudável), sua energia e vitalidade aumentam e achará mais fácil e menos estressante fazer (e realmente fazer) as coisas que costumeiramente o estressam. Na verdade, pesquisadores ocidentais confirmaram as descobertas, de curandeiros e professores, de que a meditação tem uma capacidade enorme de auxiliar no fortalecimento e na cura de seu corpo e no aumento do seu desempenho através do treinamento da mente e da abertura do seu coração.

Mas e se quiser lidar com um problema específico de saúde, melhorar o seu jogo de tênis ou causar melhor impressão no trabalho, a meditação oferece técnicas especializadas? Com certeza! Tanto os antigos quanto os modernos curandeiros criaram algumas grandes meditações para facilitar o processo de cura (que você pode ter uma amostra neste capítulo) e os gurus do esporte nos últimos anos e treinadores de empresa vêm usando estes princípios de meditação para aumentar o desempenho tanto em campo quanto no escritório.

Sei que digo em alguma outra parte deste livro que você não deveria ser dirigido por metas quando medita. Bem, você pode trapacear um pouco e usar as habilidades que aprendeu nos capítulos anteriores — ou, se não tiver lido nenhum dos outros capítulos, pode aprender aqui!

A Meditação Também Tem o Poder de Ajudar na Cura de Seu Corpo

O vínculo entre a meditação e a cura é, de fato, venerável. Considere os grandes professores espirituais do mundo — muitos foram famosos por suas habilidades de cura, bem como sua sabedoria e compaixão. Jesus, por exemplo, revelou sua maturidade espiritual pela primeira vez ao ajudar um manco a andar e um cego a enxergar. O místico judeu conhecido por Baal Shem Tov tinha a reputação de fazer milagres e curar e o lendário Buda é tradicionalmente comparado a um médico, pelas práticas que ensinava para ajudar a aliviar o sofrimento. Até mesmo a língua inglesa reflete a dimensão sagrada da cura: a palavra *heal* (cura) vem das mesmas raízes que as palavras *whole* (todo) e *holy* (sagrado)!

Talvez mais importante para pessoas como nós, estes professores passaram técnicas especiais de meditação que possibilitam que os praticantes tenham um extraordinário grau de influência em suas funções corporais. Você já ouviu falar dos yogis que param seus corações e vivem por horas sem respiração ou sinais vitais perceptíveis? Ou os monges Tibetanos que geram tanto calor interno, que chegam a secar mantas molhadas em seus corpos em temperaturas abaixo de zero? Estas pessoas existem — e suas excepcionais façanhas foram avaliadas por pesquisadores ocidentais.

Na verdade, o emergente campo da medicina de mente-corpo desenvolveu-se nos anos 1970, quando cientistas que estudavam as habilidades de meditadores treinados no Oriente começaram a perceber que a mente pode ter um extraordinário efeito no corpo — mais precisamente, que o corpo e a mente são inseparáveis. É claro, a ligação entre o comportamento do tipo A e doenças cardíacas foi descoberta ainda antes, nos anos 1960. Mais recentemente, pesquisadores estudando reações imunológicas mostraram que o sistema imunológico e o sistema nervoso são inextricavelmente integrados e que o estresse psicológico e emocional pode suprimir as funções imunológicas e estimular o crescimento ou a propagação de desordens relacionadas ao sistema imunológico, como o câncer, a AIDS e doenças. Para mais informações sobre a conexão mente-corpo e os benefícios de cura da meditação, veja o Capítulo 2.

Nos dias de hoje, a maioria dos médicos reconhece a relevância dos fatores psicológicos e a importância do relaxamento e da redução de estresse para a manutenção da saúde. Existe até uma piada que circula entre os médicos. Em vez de oferecer a velha aspirina de sempre, os médicos de mente-corpo contemporâneos aconselham: "Medite duas vezes e ligue-me pela manhã".

A boa notícia é que não precisa controlar a sua respiração ou seu metabolismo para tirar proveito do poder de cura da meditação. Precisa apenas se sentar imóvel, focar a sua mente e praticar algum dos exercícios fornecidos neste tópico. Claro, é melhor se tiver alguma experiência em meditação básica — que pode conseguir indo para o Capítulo 6 ou ouvindo a Faixa 4 —, mas sinta-se à vontade para começar por aqui, se estiver fortemente motivado e aprender pelo caminho.

O que a cura realmente significa

Como aconselho no começo deste tópico, a cura envolve o retorno ao estado intrínseco de totalidade e bem-estar, que nossa linguagem, em sua sabedoria liga ao sagrado. Veja o resfriado, por exemplo. Quando você melhora, não volta se sentindo uma pessoa diferente — apenas volta a ser como era antes de ficar doente. É por isso que as pessoas sempre dizem, quando o resfriado acaba, "Finalmente me sinto eu novamente!"

A meditação, por sua natureza, proporciona a cura mais profunda que há. A doença que ela ajuda a curar é possivelmente a mais dolorosa de todas — um distúrbio epidêmico humano conhecido como *separação* (ou, pior ainda, *alienação*) de nosso próprio ser e de outros seres e coisas. Quando você medita, cura esta separação, reconectando-se gradualmente com o aqui e o agora, com seus sentimentos, sua experiência sensorial e outros aspectos de si mesmo que talvez não tenha admitido até agora. Ou seja, você se torna mais inteiro!

Talvez ainda mais importante, seja a sua reconexão com sua natureza básica — o *puro ser* — que é completo e perfeito exatamente do jeito que é. Stephen Levine, cujo livros desbravaram o uso da meditação na cura, chama isso de "a cura que confundimos com o nascimento".

Quanto mais se reconecta com sua totalidade e bem-estar básicos, mais envolve o seu corpo e mente com energia vital e amor. Como menciono no Capítulo 5, a fonte de *ser* dentro de si é a origem de todas as qualidades e sentimentos positivos e vitalizadores. E, como provaram os pesquisadores várias vezes, esta energia vivificante mobiliza os recursos de cura de seu corpo, reforça o seu sistema imunológico e naturalmente facilita o processo de reparo e renovação. Em outras palavras, enquanto cura o seu senso de separação, contribui para a cura do seu corpo também.

Mesmo que tenha uma enfermidade crônica e nunca possa ser capaz de curar o seu corpo completamente, ainda pode fazer a cura que nasceu para fazer. Não precisa se considerar um fracasso se não melhorar (como sugerem algumas abordagens de cura alternativa). Afinal de contas, pode estimular a sua cura com a meditação — mas doenças são processos misteriosos que nós não conseguimos realmente entender. Quem sabe? Talvez esteja doente porque precisa ir mais devagar, reavaliar suas prioridades e se reconectar. Como poucas outras circunstâncias da vida, a doença pode ser uma poderosa mensageira lhe alertando de que deve mudar a sua vida de forma significativa.

A meditação no limiar da vida

Muitos professores escreveram sobre o poderoso efeito que a meditação pode ter em ajudar as pessoas a preencher o abismo que existe entre a vida e a morte. Na verdade, algumas tradições, como o Zen Budismo, ensinam que uma das principais finalidades da prática da meditação é prepará-lo para a transição final.

Certamente, muitas tradições concordariam que a forma de vida ajuda a determinar como você morre. Por exemplo, se costuma sentir medo ou raiva na vida, então é provável que tenha medo e raiva na morte. E se costuma ser calmo, carinhoso ou alegre, então estas qualidades provavelmente estarão presentes em seu ser ao morrer também. E muitas tradições acreditam que o momento da morte em si pode ser um fator crucial para determinar o que ocorre depois. É claro, há divergências no modo como descrevem o que vem depois!

Se você se preocupa com a forma em que vai morrer, pode se preparar para a morte usando a meditação para ajudá-lo a trazer mais paz e harmonia em sua vida agora mesmo. Além disso, as meditações apresentadas ao longo deste livro ensinam habilidades que certamente serão úteis quando se aproximar do limiar entre a vida e a morte.

A seguir, mostro algumas maneiras em que a meditação pode ajudá-lo (e aqueles que ama) a ter uma morte mais amorosa e consciente. Lembre-se: a meditação pode ajudar a tornar a morte mais confortável e menos assustadora, mas não existe uma forma certa ou errada para morrer. Todo mundo vive e morre de sua maneira única e exclusiva.

- **Fique no presente:** desnecessário dizer, o medo, o arrependimento e outros sentimentos negativos podem se intensificar umas mil vezes ao se aproximar do derradeiro desconhecido. Trazer a sua consciência de volta à respiração ou outro objeto, pode ajudar a acalmar a sua mente e impedi-la de criar negatividade.
- **Acolha tudo o que aparecer:** as semanas, dias e até momentos que precedem a sua morte, podem ser repletos de sensações dolorosas e difíceis emoções e estados mentais. Quando você desenvolve a capacidade, por meio da meditação, de estar presente em sua experiência, seja qual for, estará mais bem preparado para este período desafiador.
- **Abra seu coração:** se praticar abrir o seu coração para si mesmo e para os outros, estará pronto para acessar o amor quando precisar – e quando poderia precisar mais dele? Muitas tradições ensinam que o amor ajuda a preencher o abismo entre esta vida e a próxima. Além do que, as pessoas que morrem com amor deixam para trás um enorme legado de amor para aqueles que ficaram.

(continua)

(continuação)

- **Desapegue-se:** quando você está o tempo todo focando em sua respiração ou em algum outro objeto de meditação, acaba se acostumando a se desapegar dos pensamentos, emoções, preocupações, gostos e desgostos – e por final, talvez, desapegue-se até mesmo de quem você pensa ser. No Zen, dizem que quando aceita este modo de morrer em sua almofada de meditação, a verdadeira morte não representa problema algum. Ou, como coloca Stephen Levine em *Healing into Life and Death (Cura na Vida e na Morte)*: "Desapegar-se do último momento e entrar com todo o coração no próximo é morrer na vida e se curar na morte".
- **Confie no eterno:** à medida que intensifica a sua conexão com o ser (em vez do pensar ou fazer) por meio da prática da meditação, pode despertar para uma dimensão espiritual ou sagrada que inunda a vida de significado, mas, ao mesmo tempo, também a transcende. Seja qual for o nome que você dá a esta dimensão, o eu verdadeiro ou a natureza essencial, Deus ou espírito, ou simplesmente o Único, agora sabe (e não apenas acredita) que algo muito maior do que a sua existência isolada preenche a sua vida e sobrevive à sua morte. Como se pode imaginar, esta compreensão torna a morte muito mais fácil de encarar.

Seis meditações de cura

Como menciono no início deste capítulo, você não precisa fazer nenhum exercício especial para aproveitar os benefícios da meditação para a sua saúde — basta desenvolver uma prática consistente baseada nas orientações fornecidas neste livro (e também nos áudios). Mas se estiver sofrendo com problema crônico de saúde (ou apenas quer melhorar sua saúde em geral), tente experimentar uma, ou mais, das meditações seguintes. Pode incluí-las em sua prática regular ou fazê-las exclusivamente por um determinado período. Com exceção de uma, elas usam a imaginação orientada para ajudá-lo a relaxar o corpo, reduzir o estresse, aliviar o sofrimento, melhorar a sua noção de autocontrole e mobilizar seus recursos de cura. Para mais informações sobre como usar a meditação para facilitar a cura, sugiro *Healing into Life and Death (Cura na Vida e na Morte)* de Stephen Levine ou *O Poder Curativo da Mente* de Tulku Thondup.

Um lugar tranquilo

Como esta meditação relaxa o corpo de forma fácil e rápida, você pode usá-la sozinha para auxiliar na cura ou praticá-la como um exercício preliminar antes das outras visualizações de cura fornecidas neste tópico. Para orientações detalhadas de áudio, vá para Faixa 12.

1. **Comece sentando-se confortavelmente, fechando seus olhos e respirando fundo algumas vezes.**
2. **Imagine-se em um lugar seguro, protegido, tranquilo.**

   Pode ser um lugar que conheça bem (um lugar na natureza, por exemplo, como uma campina, uma floresta ou uma praia), um lugar que já visitou, uma ou duas vezes ou simplesmente um lugar em sua imaginação.
3. **Leve o tempo necessário para imaginar este lugar tranquilo, o mais vívido possível, com todos os seus sentidos.**

   Observe as cores, as formas, os sons, a luz, a sensação do ar contra sua pele, o contato de seus pés contra o chão. Explore detalhadamente este lugar especial.
4. **Repouse nas sensações de conforto, segurança e tranquilidade que este lugar especial provoca.**
5. **Fique aqui pelo tempo que quiser.**

   Quando terminar, retorne devagar para o momento presente e abra os olhos, enquanto continua a apreciar as sensações agradáveis, positivas.

O sorriso interior

Ao sorrir para seus órgãos internos, vai inundá-los de energia de cura do amor. "Na China antiga, Taoistas ensinavam que um sorriso interior constante, um sorriso para si próprio, garantia saúde, felicidade e longevidade", escreveu Mamtak Chia em seu livro *Awakening Healing Energy through the Tao*

(Despertando a Energia de Cura através do Tao). Experimente a meditação a seguir, adaptada do livro de Chia.

1. **Comece fechando os olhos, formando um meio sorriso em seus lábios e sorrindo em seus olhos.**

   Sinta o sorriso brilhando através de seus olhos. Os Taoistas acreditam que relaxar os olhos acalma todo o sistema nervoso.

2. **Quando sentir que seus olhos estão cheios da energia vibrante do seu sorriso, pode começar a enviar esta energia para baixo, através de seu corpo.**

   Se não tem certeza de como "enviar energia", não se preocupe. Apenas imagine a energia se movimentando. Uma observação: os Taoistas chamam esta energia de *chi*, assim como nas conhecidas artes marciais *t'ai chi* e *chi kung* e a comparam à força vital.

3. **Sorria mais para baixo, em seu maxilar e sua língua.**

   Como a maioria das pessoas, você provavelmente retém tensão em seu maxilar — e quando ele relaxar, vai sentir o seu corpo todo relaxando também.

4. **Sorria em seu pescoço e garganta e dissolva qualquer tensão que haja ali.**

5. **Deixe que a energia relaxante de seu sorriso flua para o seu coração, enchendo-o de amor.**

LEMBRE-SE

Lidando com a dor

Como a morte, a dor é um assunto complexo que definitivamente merece um capítulo (ou até um livro) somente para ela. A maioria de nós simplesmente nunca sentiu a dor física como realmente é — um conjunto de intensas sensações físicas. Em vez disso, costumamos reagir às nossas dores — flexionando ou contraindo a área em volta, lutando para se livrar dela — e criamos uma história sobre ela que acaba se sobrepondo a experiência: "Por que eu? O que fiz para merecer isso?" ou "Não suporto isso. Não vou conseguir superar isso." No processo, prolongamos a nossa dor e a transformamos em sofrimento.

O segredo para lidar com a dor é suavizar a área em sua volta ao invés de resistir a ela e expandir a sua consciência (e seu coração) para incluí-la, ao invés de enrijecer e contrair. Afinal de contas, já que não consegue mesmo se livrar da dor ou bloqueá-la em sua mente, é melhor que a acolha — e até (ouso dizer) faça amizade com ela. Mas isso não é possível de imediato, sem certa prática, e é por isso que as meditações ensinadas no decorrer deste livro proporcionam a melhor preparação para lidar com a dor.

Comece se abrindo e se acalmando para as pequenas dores e desconfortos que experimenta quando senta para meditar e gradualmente passe para as dores maiores, como fortes enxaquecas, dores de garganta ou contraturas na coluna.

Também pode fazer o trabalho ininterrupto de desafiar a história que sua mente insiste em lhe contar e retornar para a sensação pura da dor — que é, inevitavelmente, mais tolerável do que a hipótese sempre catastrófica que sua mente pode fabricar.

Em seu livro *Full Catastrophe Living (Vivendo em Plena Catástrofe)*, Jon Kabat-Zinn, que trabalha com pessoas com dores crônicas na Clínica de Redução do Estresse no Centro Médico da Universidade de Massachussets, aconselha ir direto para a sensação de dor e se perguntar, "Quanto está doendo agora, neste exato momento? " Na maioria das vezes, vai perceber que a dor é tolerável, afinal de contas.

(continua)

(continuação)

Dor intensa também tem um costume de revelar assuntos não resolvidos e emoções não sentidas de uma vida inteira, então não se surpreenda se precisar voltar ao Capítulo 11 para um pouco de orientação de como lidar com estados mentais difíceis. Acima de tudo, a dor pode ser uma poderosa professora, forçando-o a intensificar a sua meditação e abrir-se para o presente momento como jamais fez antes.

6. **Do seu coração, deixe que o amor flua para os outros órgãos internos na seguinte ordem, relaxando, suavizando e rejuvenescendo-os conforme passa por ali:**
   - Pulmões
   - Fígado (abaixo de suas costelas, no lado direito)
   - Rins (logo abaixo, na parte de trás, de suas costelas, nos dois lados da coluna)
   - Pâncreas e baço (no centro de seu abdômen)

   Quando terminar de enviar amor a estes órgãos, acomode o seu sorriso em seu *t'an t'ien* (um ponto aproximadamente 5 cm abaixo de seu umbigo e mais ou menos 3 cm para dentro de seu corpo).
7. **Sorria novamente em seus olhos e, então, em sua boca.**
8. **Junte um pouco de saliva, engula e deixe que o seu sorriso a siga através de seu sistema digestivo, difundindo relaxamento em seu esôfago, estômago, intestino delgado e grosso.**
9. **Mais uma vez, volte o seu sorriso para seus olhos e sorria através de sua coluna, uma vértebra por vez, até alcançar seu cóccix.**

   Lembre-se de manter a sua coluna reta enquanto faz este exercício.
10. **Quando terminar com sua coluna, repouse seu sorriso em seu *t'an t'ien* de novo e observe como o seu corpo se sente agora.**

    Repouse nesta sensação por alguns minutos antes de continuar com suas atividades normais e quando pegar o jeito deste exercício, pode fazê-lo em apenas alguns minutos, se quiser.

O bom remédio

Se sofre de uma enfermidade que requer a ingestão de medicamento, talvez note que engole as pílulas com um certo desgosto, julgamento ou aversão por estar doente, em primeiro lugar, como se fosse imperfeito ou culpado de alguma forma por deixar que seu corpo sofra. Quando toma seu remédio (ou injeção ou faz uma cirurgia) com consciência, consegue enviar, junto com o remédio, amor para o seu corpo e contribuir incrivelmente para o seu efeito de cura (mesmo que não esteja doente, pode tomar suas vitaminas ou ervas com a mesma atitude). Os Siús conheciam bem isso: eles chamam todo ato de amor de "bom remédio". A meditação a seguir é adaptada do livro *Healing into Life and Death (Cura na Vida e na Morte)* de Stephen Levine.

1. **Comece fechando seus olhos e segurando as pílulas em sua mão por uns instantes.**

   Perceba a sensação delas em sua mão — o peso, a textura.

2. **Pense que estas pílulas têm o poder de ajudar o seu corpo a se curar.**

   Experimente sentir um pouco de gratidão se formando em seu coração. Você é o afortunado dos afortunados: tem acesso a cuidados médicos e tem um profissional da saúde que lhe prescreveu estas pílulas.

3. **Observe se sente alguma resistência em tomar estas pílulas — algum medo, vergonha, ou culpa.**

   Deixe que seus sentimentos apareçam em sua consciência e encare-os com bondade e compaixão.

4. **Relaxe e suavize o seu corpo enquanto se prepara para receber as pílulas.**

5. **Delicadamente e com consciência, ponha as pílulas em sua boca e as faça descer com algum líquido.**

   Sinta-as passando pela sua garganta e chegando ao seu estômago, irradiando o seu potencial de cura naquele lugar, como o brilho de uma fogueira. Abra o seu corpo para recebê-las.

6. **Imagine o remédio entrando em sua corrente sanguínea e atingindo as partes que pedem por cura.**

   Mande amor e compaixão junto com o remédio para estas partes.

7. **Sinta o amor e o remédio cobrindo e curando estas partes.**

   Imagine toda a doença e resistência se dissolvendo. Permita-se ser curado.

8. **Continue meditando silenciosamente por alguns minutos enquanto deixa o remédio e o amor ajudarem a curá-lo.**

Curando com luz

Assim como pode ajudar a purificar e a eliminar padrões habituais quando invoca o poder ou energia espiritual, você também pode acessar a mesma fonte de poder e luz para ajudá-lo a curar seu corpo. Afinal, doença física e sofrimento emocional são apenas duas faces do mesmo problema básico — apenas formas diferentes que encontra para se distanciar de sua plenitude e saúde essenciais. Este é um exercício para direcionar a luz para os lugares dentro de seu corpo que pedem por cura.

1. **Comece sentando-se e meditando como de costume por alguns minutos.**

   Se não tiver uma meditação de costume, sente-se em silêncio, respire fundo algumas vezes e deixe que seu corpo relaxe um pouco a cada expiração.

2. **Imagine uma esfera luminosa de luz branca suspensa a mais ou menos trinta centímetros sobre sua cabeça e um pouco à sua frente.**

   Quando a olha mais de perto, esta esfera incorpora e irradia todas as qualidades positivas de cura que você precisa no momento. Talvez uma figura espiritual, como Jesus, ou Nossa Senhora, Dalai Lama ou talvez um ser ou objeto da natureza, como o sol, a lua, o vento, o oceano, uma árvore, uma flor ou uma montanha.

3. **Imagine que esta esfera irradia luz em todas as direções, para os cantos mais longínquos do universo.**

   E atrai a energia de todas as forças benevolentes, que apoiam a sua cura, para dentro da esfera.

4. **Visualize esta energia positiva, de cura, brilhando pela esfera, como a luz de mil sóis, descendo pelo seu corpo.**

   Imagine-a eliminando toda a toxicidade e estresse, todo o desequilíbrio e doença e substituindo-as por esplendor, vitalidade e saúde. Especificamente, você pode imaginar direcionando esta luz na forma de um feixe para todos os lugares que sabe estarem envolvidos em sua enfermidade ou desconforto. Imagine a luz dissolvendo todas as contrações e substituindo-as por sinceridade e tranquilidade e eliminando toda fraqueza com força e resistência.

5. **Continue a imaginar esta luz poderosa de cura tomando todas as células e moléculas de seu ser, deixando-o saudável, tranquilo e forte.**
6. **Imagine esta esfera luminosa gradualmente descendo para seu coração, onde continua a irradiar esta luz poderosa de cura.**
7. **Imagine-se sendo um ser luminoso com uma esfera de luz em seu coração que constantemente irradia luminosidade, harmonia e pureza — primeiro para todas as células e partículas do seu próprio ser e daí, através de você, para todos os outros seres e em todas as direções.**

   Você pode levar os sentimentos e imagens que este exercício desperta para o resto do seu dia.

A respiração ahhh

Se está à procura de um meio para dar apoio a uma pessoa querida em seu processo de cura, além de comprar flores, cozinhar uma refeição ou ajudar com os afazeres, pode tentar esta meditação em dupla, extraída do trabalho de Stephen Levine, cujos vários livros ajudaram milhares de pessoas a viver (e morrer) com mais amor e consciência. Em *Healing into Life and Death (Cura na Vida e na Morte)*, ele escreve: "este é um dos mais simples e poderosos exercícios que eu conheço para dar segurança de que a cura eterna nunca está longe — para sentir o coração que todos compartilhamos, a mente única do ser". Tente usá-lo para trazer mais proximidade em suas relações com seus pais, filhos, parceiros e amigos. Se a outra pessoa se sentir pronta, reserve um momento para receber e oferecer a respiração ahhh.

1. **Antes de começar, descreva o exercício para a sua parceira e certifique-se de que ela se sente confortável em fazer isto.**

   Informe-a que pode parar a qualquer momento simplesmente erguendo seu braço.

2. **Comece com a pessoa recebendo a respiração ahhh deitada no chão ou na cama.**

   Sente-se ao lado dela, próximo ao seu torso, mas sem tocar.

3. **Incentive a outra pessoa a relaxar e esperar confortavelmente enquanto você observa o ir e vir de sua respiração.**

   Agora encerre toda a comunicação verbal até que o exercício termine.

4. **Comece a sincronizar a sua respiração com a dela.**

   Quando ela inspirar, você inspira. Quando ela expirar, você expira. Continue em sintonia com o inconstante ritmo da respiração dela e ajuste o seu próprio ritmo de acordo.

5. **Após oito ou dez respiradas desta forma, comece a fazer o som ahhh durante a expiração, suave e gentilmente, mas de forma audível.**

   A cada repetição, permita que o som venha de um lugar ainda mais profundo em seu corpo até que o ahhh brote na parte de baixo de sua barriga. Inspirem juntos em silêncio e, então, entoe o ahhh durante a expiração. A sua parceira não precisa repetir o som.

6. **Continuem esta meditação em par pelo tempo que ambos se sentirem confortáveis.**

   Quando tiverem terminado, reserve um tempo para conversar com sua parceira sobre suas experiências. Esta prática compartilhada pode provocar uma série de reações. Algumas pessoas relaxam mais profundamente do que nunca. Outras percebem algum medo de desapegar-se ou de se aproximar muito de outra pessoa. Ainda há aqueles que experimentam uma profunda paz por trás de todo o tumulto e preocupação. Seja lá o que você e sua parceira experimentarem, acolha as sensações (o máximo que puder) com franqueza e aceitação tolerante.

A Grande Mãe

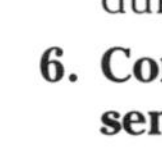

Muitas tradições meditativas retratam um arquétipo da figura feminina que protege, cura e sente pela dor dos outros. No Cristianismo, ela é a Nossa Senhora, mãe dos aflitos. No Budismo, ela é chamada de Kuan Yin, que escuta e responde a todas as súplicas do mundo. Moldada a partir da boa mãe que ama suas crianças incondicionalmente, a Grande Mãe pode ser invocada em qualquer forma que se sinta mais confortável. Ela tem a capacidade de tranquilizar a sua dor com compaixão e ajudá-lo a curar-se por completo.

1. **Comece sentando-se confortavelmente, fechando os olhos e respirando fundo algumas vezes, relaxando um pouco a cada expiração.**

   Deixe que sua barriga se solte.

2. **Volte sua atenção para seu coração e note qualquer dor ou sofrimento que possa estar retendo ali.**

   Respire delicadamente e com consciência neste lugar doloroso em seu coração.

3. **Imagine a presença de uma figura feminina e infinitamente misericordiosa — a Grande Mãe.**

   Sinta seus braços envolvendo e segurando-o, em um abraço caloroso, apoiador, protetor.

4. **A cada inspiração, inspire seu amor para dentro do coração, na forma de uma luz líquida e morna.**

   A cada expiração, solte todo o seu sofrimento e doença, na forma de fuligem escura, que ela naturalmente recebe e transforma em luz.

5. **Caso sinta vontade de compartilhar a sua dor com ela por meio de palavras ou lágrimas, vá em frente.**

   Seu infinito coração é repleto de compaixão; ela acolhe o seu sofrimento como se fosse o dela.

6. **Continue a se render aos braços dela e receba seu amor no coração enquanto se desprende do sofrimento e tristeza.**

   A cada respiração, vai se sentindo mais completo, mais pleno, mais curado. Aos poucos, sente o seu próprio coração fundir-se ao dela.

7. **Permaneça o tempo que precisar da presença da Grande Mãe.**

   Quando terminar, imagine-a entrando e preenchendo você com sua presença. Você é a Grande Mãe (seja você um homem ou uma mulher) — o coração dela é o seu coração. Deste coração, consegue irradiar a calorosa luz de compaixão e cura para todos os seres em todos os lugares. Que todos os seres sejam felizes, em paz e livres de sofrimento.

A Meditação Pode Melhorar Seu Desempenho no Trabalho e no Lazer

Pelas muitas e mesmas razões que a meditação ajuda a facilitar a cura, ela também melhora o desempenho. Ela relaxa o corpo e reduz o estresse e a ansiedade, permitindo que você tenha um desempenho mais eficientemente. Promove estados mentais positivos, como amor, alegria e bem-estar e estimula o fluxo de energia vital por meio de seu corpo, que por sua vez promove a autoconfiança e uma sensação de poder e eficácia, inspirando e levantando você em tudo o que faz.

LEMBRE-SE

A meditação também lhe ensina a cultivar algumas outras qualidades e habilidades que naturalmente auxiliam a torná-lo melhor em seu projeto favorito, seja esporte, negócios, jardinagem, estudos ou simplesmente lavando a louça ou varrendo o chão. Aqui está uma pequena lista — se pensar em mais alguma pode me contar:

- **Maior foco e concentração:** este é meio óbvio, conforme se habitua a permanecer no presente, acompanhando sua respiração ou recitando o seu mantra, consegue facilmente transferir esta habilidade para trabalhar em seu computador ou jogar bola com os amigos. Para comprovar os benefícios do foco, basta olhar para grandes atletas como Tiger Woods, Lance Armstrong ou Annika Sorenstam!

- **Distrações mínimas:** este pequeno benefício é o outro lado do anterior, quanto mais regularmente medita, mais rapidamente as distrações desaparecem no plano de fundo ao mesmo tempo em que sua mente se acalma e se torna compenetrada. Desnecessário dizer, você trabalha ou se diverte mais efetivamente quando não tem um milhão de pensamentos irrelevantes tagarelando dentro de sua cabeça. Como disse certa vez Yogi Berra a respeito do beisebol, "Como se pode pensar e rebater ao mesmo tempo?"

- **Permanecer no presente, livre de expectativas:** embora possa ter uma meta específica em mente — por exemplo, vencer a corrida, completar o projeto, bater uma bola dentro de um minúsculo buraco a 274 m de distância —, o paradoxo é que há mais chance de conseguir deixar de lado as suas expectativas e manter a sua atenção focada nos movimentos precisos ou nas tarefas que precisa executar agora. O ex-técnico do Los Angeles Lakers, Phil Jackson, refere-se a isso como "confiar no momento".
- **Claridade mental e perceptiva melhorada:** à medida que gradualmente aumenta o tempo de suas meditações, de 5 para 15, 20 minutos ou mais, desenvolve sua força para prestar atenção por mais tempo. Como resultado, pode perceber que não fica tão facilmente desiludido ou desencorajado quando foca sua atenção em um projeto de trabalho extenso ou outra atividade exigente.
- **Experiência de fluxo:** nos esportes isto é chamado "a zona": momentos ou períodos prolongados nos quais você se sente em total sincronia com seu corpo e o ambiente ao seu redor. O tempo parece ir mais devagar, sentimentos de bem-estar e alegria aumentam, você consegue ver (e até prever) o fluxo das coisas e sabe exatamente o que precisa fazer a seguir. Cultivando seus poderes de concentração na meditação, você desenvolve habilidade de entrar no fluxo mais facilmente em todas as situações.
- **A capacidade de ver as coisas em múltiplas dimensões:** na meditação, você pratica a observação de sua experiência sem se perder nos detalhes. Esta consciência mais expandida naturalmente lhe permite recuar e ter uma visão global, o que pode ser extremamente útil quando se está tentando resolver um problema ou analisar o time adversário (em esportes ou negócios) ou apenas avaliar e melhorar o seu desempenho. Alguns grandes atletas dizem que conseguem ver o jogo inteiro como se estivessem olhando de cima, enquanto jogam.

- **Consciência plena de comportamentos autodestrutivos:** quando você expande sua consciência na meditação para incluir sensações e processos mentais, começa a notar padrões repetitivos de pensamento e sentimento que lhe causam estresse ou inibem a sua total autoexpressão. Ao estender esta consciência plena para seu desempenho (no trabalho ou no lazer), consegue reconhecer os padrões autodestrutivos e substituí-los por alternativas mais produtivas e eficientes.
- **Autoaceitação e libertação das autocríticas:** nada apaga mais o entusiasmo e inibe mais o desempenho eficiente do que o hábito que a maioria das pessoas tem de se colocar para baixo, principalmente sob pressão. Através da meditação regular, você pratica a aceitação de si mesmo do jeito que é e percebe os julgamentos assim que surgem. Daí, quando as coisas ficarem difíceis, pode usar suas habilidades de meditação para delicadamente neutralizar a autocrítica, enquanto foca em fazer o melhor que pode.
- **Compaixão e trabalho em equipe:** em seu best-seller *Sacred Hoops (Aros Sagrados)*, Phil Jackson descreve como formou um time de basquete campeão do mundo baseado nos princípios e lições que aprendeu em seus estudos de meditação Zen. Junto com o foco, a consciência plena e outros fatores listados aqui, Jackson enfatiza o papel da compaixão, que pode ser intencionalmente cultivado na meditação. "Conforme a minha prática [de meditação] amadurecia", escreve, "comecei a perceber a importância de jogar com um coração aberto. O amor é a força que acende o espírito e une os times".

Além dos benefícios da prática regular de meditação enumerados aqui, você também pode fazer meditações especificamente desenhadas para melhorar o seu desempenho. Particularmente, pode usar a imaginação orientada para ajudá-lo a criar um estado mental positivo e ensaiar o seu desempenho antes de pô-lo em prática (para mais informações sobre a imaginação orientada, veja o tópico "O poder de cura da imaginação", previamente neste capítulo). Em seu livro *Staying Well With Guided Imagery (Ficando Bem com a Imaginação Dirigida)*, Belleruth Naparstek chama este primeiro tipo de *estado sensitivo da imaginação* e o segundo de *estado final da imaginação*.

Você com certeza já leu a respeito de atletas olímpicos e profissionais que usam tanto o estado sensitivo como o estado final da imaginação em seus regimes de treinamento. Nos próximos dois tópicos, você terá a oportunidade de praticar, primeiro, uma meditação geral de estado sensitivo para desempenho e, depois, uma meditação projetada para ajudá-lo a ter um desempenho de sucesso.

MEDITAÇÃO

Estimulando a sua criatividade

As pessoas criativas geralmente relatam que entram em estado alterado e meditativo. A meditação naturalmente alimenta a criatividade ajudando-o a transpor sua mente analítica e chegar a uma fonte mais profunda de energia, vitalidade e intuição. Ideias e imagens podem surgir espontaneamente durante a meditação, como se viessem de alguma fonte coletiva.

Além de praticar as meditações básicas fornecidas neste livro, você pode estimular o seu fluxo de ideias criativas com uma meditação chamada "páginas matinais", adaptada do livro *The Artist's Way (O Jeito do Artista)*, de Julia Cameron. Ela é projetada para mobilizar aquilo que Cameron chama de "cérebro de artista" — a parte divertida, criativa e holística de sua mente — e evitar o "censor", o crítico interior que abafa ou até ridiculariza seus impulsos criativos.

A meditação em si até que é bem simples: a primeira coisa todas as manhãs, de preferência logo após sair da cama, sente-se e escreva à mão três páginas de tudo o que lhe vier à mente. Não precisa ser bem escrito ou correto; não precisa sequer fazer sentido — apenas tem que encher três páginas. Ao escrever sem voltar para conferir ou tentar ser lógico ou inteligente estará contornando o censor, ao mesmo tempo que limpa todas as teias de aranha que se acumularam em seu cérebro durante a noite. Também estará mostrando para si mesmo que não tem que se sentir bem ou estar de ótimo humor para criar. Rabisque reclamações, sonhos ou coisas que precisa fazer, qualquer coisa — não há jeito errado de fazer isto Apenas escreva!

Cameron sugere algumas diretrizes para tirar o maior proveito de suas páginas matinais:

- **Faça-as todos os dias, sem falta:** se quiser defina antes por quantas semanas vai escrevê-las e então, persista em sua intenção. Como a própria meditação, as páginas matinais podem se tornar um hábito que não quer perder.

(continua)

(continuação)

- **Não as mostre para mais ninguém — e não as leia, pelo menos, nas primeiras semanas.** Cameron sugere, na verdade, que não as leia nas oito primeiras semanas, mas não se preocupe muito se for tomado pela curiosidade.
- **Lembre-se de que as opiniões negativas de seu censor não são verdades.** Inclua os julgamentos de seu censor em suas páginas matinais, se quiser — mas não acredite neles!

Apreciando o sucesso passado

Esta é uma meditação que irá relaxar o seu corpo, melhorar seu ânimo e colocá-lo em um estado de espírito positivo para uma tarefa que está por vir. Se possível, comece a praticar vários dias, uma semana ou mais antes da tarefa, para que tenha tempo o bastante para se preparar.

1. **Comece praticando a meditação "Um lugar tranquilo", descrita previamente neste capítulo.**

   Ou apenas sente-se confortavelmente, feche os olhos e respire fundo algumas vezes, relaxando um pouco a cada expiração. Fique vários minutos respirando e relaxando desta forma.

2. **Lembre-se de uma ocasião em que completou com sucesso a mesma tarefa ou uma parecida.**

3. **Tire um tempo para se lembrar desta atuação de sucesso de modo vívido, com máximo de detalhes sensoriais que conseguir.**

   Onde estava? O que estava usando? O que exatamente estava fazendo? Qual era a sensação em seu corpo? Quem mais estava lá? Que tipos de sentimentos esta atuação de sucesso provocou?

4. **Quando estiver completamente imerso na memória e seus sentimentos positivos alcançarem o auge, encontre um gesto físico que ressalte estes sentimentos.**

   Por exemplo, você pode tocar um dedo no outro ou repousar a sua mão em sua barriga.

5. **Aos poucos, desprenda-se da memória, volte ao estado de consciência e abra os olhos.**
6. **Pratique esta meditação várias vezes até o dia do evento ou da tarefa, repetindo toda vez o gesto físico.**
7. **Quando começar a tarefa de verdade, feche os olhos por um momento e repita o gesto físico.**

   Você ficará impressionado ao descobrir que os sentimentos positivos voltam imediatamente.

Ensaiando o desempenho máximo

Uma coisa é estar em um estado de espírito positivo ao desempenhar uma tarefa, outra bem diferente é saber exatamente o que está fazendo. Quando estiver se sentindo relaxado, aplique os princípios da meditação para fazer pequenos ajustes prévios a sua performance, para que esteja em seu máximo quando chegar a hora.

Esta é uma meditação parecida com os exercícios que os atletas usam. Citando Jack Nicklaus, de seu livro *Golf My Way (Golfe do Meu Jeito)*: "Nunca bati uma bola, nem em um treino, sem ter uma imagem viva e nítida da batida em minha cabeça". Novamente, lembre-se de reservar bastante tempo para a prática antes da tarefa em si.

1. **Comece fazendo a meditação "Um lugar tranquilo", descrita previamente neste capítulo.**

   Ou apenas sente-se confortavelmente, feche os olhos e respire fundo algumas vezes, relaxando um pouco a cada expiração. Fique vários minutos respirando e relaxando desta forma.

2. **Imagine-se executando perfeitamente a sua tarefa, do começo ao fim.**

   Imagine a cena da forma mais vívida e com o máximo de detalhes sensoriais que conseguir. Se estiver ensaiando uma partida de tênis, por exemplo, sinta a raquete em suas mãos e seus tênis contra a quadra; sinta seu braço levantando, indo para trás e, arqueando para frente ao sacar; sinta o contato da bola contra a raquete; e assim por diante.

   Estudos mostraram que ensaios cinestésicos (em que você sente o seu corpo fazendo os movimentos) são quase tão eficientes quanto o próprio treino para melhorar o desempenho nos esportes e em outras atividades físicas. Se estiver ensaiando para uma apresentação no trabalho, imagine-se de pé, em frente do grupo, falando articuladamente e de forma convincente, comunicando claramente os pontos importantes e assim por diante.

3. **Inclua uma dimensão de estado sensitivo, reconhecendo o quanto se sente bem ao fazer sua apresentação.**

   Talvez sinta euforia, entusiasmo, poder ou satisfação. Se perceber qualquer medo ou apreensão, apenas dê uma pausa por um instante, respire fundo algumas vezes, faça o que normalmente faz para aliviar seu medo e depois continue com seu ensaio.

4. **Use o tempo que precisar para se imaginar executando a tarefa com perfeição.**

   Se perceber qualquer erro, pare e o corrija e, então, repita a atuação corretamente. No início, seu ensaio pode durar o mesmo tempo que a tarefa de verdade. Depois de esclarecer todos os detalhes, abrevie seus ensaios subsequentes se tiver um tempo muito limitado.

5. **Lembre-se de praticar este exercício, pelo menos, várias vezes antes da tarefa em si.**

   Logo antes de desempenhar a tarefa, pare por um momento, feche os olhos e recapitule rapidamente um ensaio breve.

Parte V

Apêndices

A 5ª Onda por Rich Tennant

Nesta parte...

Se este livro estimula o seu interesse por futuras aspirações e instruções, aqui vai encontrar uma lista detalhada de recursos para lhe ajudar. Vai encontrar organizações e centros especializados em uma variedade de técnicas e orientações espirituais, bem como livros de alguns dos melhores professores de meditação contemporâneos, do Oriente e do Ocidente.

Você também encontrará um apêndice que explica como usar as faixas de áudio. Incluindo uma lista das faixas de áudio, para que possa encontrar facilmente a meditação que está procurando.

Apêndice A

Recursos para Meditação

Após ler este livro, pode sentir vontade de se juntar a outras pessoas que meditam e fazer um treinamento aprofundado, de conferir outros estilos e métodos ou ler livros sobre aspectos específicos da meditação. Portanto, esta é uma lista de organizações e centros e uma lista de bons livros sobre meditação, brevemente comentados.

Organizações e Centros

Com a rápida difusão da meditação no Ocidente, centros e organizações dedicados à prática surgiram em todas as grandes cidades — e em várias cidades pequenas, também! Desnecessário dizer, que não seria possível listá-los a todos nestas páginas. Portanto, forneço uma lista comentada com as principais organizações (no caso de tradições como a Zen, onde há organizações não centralizadas) e centros representativos. Se quer apenas um lugar por perto e não se preocupa muito com método ou afiliação, escreva no Google a palavra meditação junto com o nome de sua região ou uma cidade próxima, ou consulte a lista telefônica local, jornal alternativo ou uma revista *Nova Era*. Se não, consulte a lista seguinte. Se uma organização lhe interessar, entre em contato diretamente com eles para obter mais informações.

Nota: As instruções de Meditação destas organizações vêm geralmente combinadas com um conjunto de crenças espirituais, que podem lhe interessar ou não. Além disso, algumas organizações oferecem instruções gratuitas, enquanto outras cobram. Enfim, embora a maioria delas venha fornecendo instruções de meditação há muitos anos (ou até décadas), não as conferi pessoalmente, logo, não posso dizer que é satisfação garantida ou o dobro de seu dinheiro de volta.

Meditação Judaica, Cristã e Sufista

Comunidade Mundial de Meditação Cristã
Fone: (21) 2255-6707
E-mail: ana.fonseca@umusic.com
Web: www.wccm.com.br

Dedicada à prática da meditação Cristã, ensinada por John Main, um monge Beneditino que redescobriu a "oração pura" (recitação do mantra) dos padres do deserto, esta organização ostenta mais de mil grupos locais em mais de 40 países — e você não precisa ser Católico (nem Cristão!) para participar.

Congregação Judaica do Brasil – Nilton Bonder (discípulo de Zalman Achachter)
Rua Prof. Milword, 65 - RJ
Fone: (21) 2492-1660
Web: www.niltonbonder.com / www.cjb.org.br

Especializada na "prática e treinamento de meditação e espiritualidade" judaica, esta organização oferece aulas e programas intensivos anuais e organiza frequentes conferências que atraem líderes proeminentes do renascimento da meditação judaica, incluindo os rabinos Rami Shapiro, David Cooper e Zalman Schachter.

Ordem Jerrahi no Brasil
Fone: (11) 2646-4166
E-mail: arb.ragip@fs.com.br
Web: www.masnavi.org

Estabelecida para introduzir o Sufismo ao público e para incentivar o diálogo entre as diferentes escolas Sufistas.

Meditação Hindu e Yoga

Self-Realization Fellowship

(Grupo de Meditação de Brasília)
SGAS 915, Ed. Office Center, Bl. D, Salas: 301/312.
— Brasília — DF. CEP: 70390-150 - Brasil.
Fone: (61) 9983-6397
Web: www.srfbrasilia.org
E-mail:srf@srfbrasilia.org

(Rio de Janeiro)
Rua Paissandu, 313 — Flamengo — Rio de Janeiro — RJ
CEP: 22.210-080
E-mail: rio.srf@terra.com.br

Fundada em 1920, para ensinamentos aprofundados do professor espiritual Hindu Paramahansa Yogananda, a SRF ensina a Yoga Kryia, um conjunto de técnicas científicas de concentração e meditação, que lhe conduzem a uma crescente paz interior e à consciência da presença de Deus.

The Expanding Light
14618 Tyler Foote Rd.
Nevada City, CA 95959
Fone: 800-346-5350
E-mail: info@expandinglight.org
Web: www.expandinglight.org

Estabelecida em 1968 por um discípulo de Paramahansa Yogananda, "o primeiro grande mestre Indiano de yoga a se mudar para o Ocidente" (veja a breve descrição de Self-Realization Fellowship), esta comunidade ensina meditação e yoga através de mais de 70 centros afiliados ao redor do mundo.

Centro de Yoga Montanha Encantada
Fone: (48) 3254-2112
Web: www.yogaencantada.com.br
E-mail: programas@yogaencantada.com.br

Centro Sivananda de Yoga
Rua das Palmeiras, 13 — Botafogo — Rio de Janeiro — RJ
Fone: (21) 2266-4896
E-mail: yogasivananda@gmail.com
Web: www.yogasivananda.com.br

Fundado em 1959 e contando com aproximadamente 80 centros pelo mundo, esta organização fornece orientação para a meditação de yoga tradicional e hatha yoga, baseada nos ensinamentos do mestre indiano Swami Sivananda e seu discípulo Swami Vishnudevananda. Peça uma lista dos professores e centros de yoga perto de você.

Yogaville Ashram and Integral Yoga Institutes (estrangeiro)
Route 1, Box 1720
Buckingham, VA 23921
Fone: 800-858-9642
E-mail: iyi@yogaville.org
Web: www.yogaville.org

Estabelecido pelo Swami Satchidananda (o sábio barbudo que fez a oração no Woodstock, em 1969), Yogaville oferece meditação tradicional e hatha yoga em sua comunidade e local para retiros em Virginia, EUA, em um dos Integral Yoga Institutes no mundo inteiro e por meio de uma extensa rede de professores e centros de yoga.

Siddha Yoga Dham Brasil
Rua São Clemente, 421, Botafogo — Rio de Janeiro — RJ
Fone: (21) 2539-7996
Web: www.siddhayoga.org

Esta organização é especializada em meditação de Yoga Siddha, uma prática religiosa feita para despertar o fogo da divindade interior. Fundada pelo guru indiano Swami Muktananda e atualmente dirigida por sua sucessora fora do Brasil, Swami Chidvilasananda, a SYDA ostenta seis ashrams (nos Estados Unidos, Inglaterra e Austrália) e mais de 600 centros no mundo todo.

Vidyamandir - Centro de Estudos de Vedanta
Rua Miguel Lemos, 44/902 — Copacabana — Rio de Janeiro
Fone: (21) 2287-2774
E-mail: contatos@vidyamandir.org.br
Web: www.vidyamandir.org.br

Com base nos ensinamentos do sábio indiano do século XIX, Ramakrishna de seus sucessores, o Vidyamandir oferece uma abordagem integrada para conhecer a divindade interior, incluindo meditação, devoção, percepção da unicidade de Deus e toda a criação e altruísmo. A sociedade Vedanta conta com centros independentes nos Estados Unidos, Europa e América do Sul.

Sociedade Internacional de Meditação
Av. Ataulfo de Paiva, 706/301 — Leblon — Rio de Janeiro
Fone: (21) 2239-7066
Web: `www.mtbrasil.com`
E-mail: `mt@mtbrasil.com`

Talvez a mais famosa de todas as organizações de meditação (os Beatles a tornaram famosa nos anos 1970), a MT também é a mais cara no exterior, com cursos curtos de introdução custando centenas de dólares. Mas apoiadores afirmam que a técnica é muito superior a qualquer outra e, portanto, o preço compensa bastante.

Meditação Taoísta

Sociedade Taoísta do Brasil
Rua Cosme Velho, 355 — Cosme Velho — Rio de Janeiro
Fone: (021) 2225-2887 / 2285-1937
E-mail: `cursos@taoismo.org.br`
Web: `www.taoismo.org.br`

Esta organização é uma rede livre de professores e centros, que oferece meditação Taoísta e técnicas de cura no estilo de Mantak Chia, cujos livros famosos são, entre outros, *Awaken Healing Light of the Tao (Despertando a Luz de Cura do Tao)* e *Taoist Secrets of Love (Segredos Taoístas do Amor)*.

Meditação Zen

Centro Zen do Rio de Janeiro
Rua Saint Roman, 16 — Copacabana — RJ
E-mail: `bsimples@uol.com.br`
Web: `www.budismosimples.kit.net`

Fundado nos anos 1960 pelo mestre Zen Shunryu Suzuki (veja *Zen Mind, Beginner's Mind*, na seção "Livros", mais adiante neste apêndice) e popularizada nos anos 1970 com o livro *The Tassajara Bread Book (O Livro do Pão de Tassajara)* pelo monge Ed Brown, a organização zen oferece instruções para a tradicional meditação Zen, assim como retiros em seu centro, localizado na cidade (para treinamento intensivo, praticantes experientes vão para o Centro, um monastério em meio a natureza selvagem).

Escola Soto Zen – Comunidade Zen do Brasil
Rua Desembargador Paulo Passa, 134, Pacaembu
01248-010 — São Paulo
Fone: (11) 3865-5285
Email: zendobrasil@gmail.com
Web: www.zendobrasil.org.br

Fundada pelo mestre Dogen Zenji, a escola Soto Zen do Brasil difunde os ensinamentos de Buda Xaquiamaqui por meio da transmissão da lei verdadeira, Dharma e da mente Nirvana. Fundada pela Monja Coen, possui práticas de retiro, meditação, cursos e palestras.

Mosteiro Zen Morro da Vargem
BR-101, Km 217, Ibiraçu/ES
CEP: 29670-000
Fone: (27) 3257-3030
Web: www.mosteirozen.com.br

Centro Budista Kadampa Avalokiteshvara
Rua Dona Rosa de Gusmão, 606 Guanabara,
Campinas, SP 13073 141
Fone: (19) 3241—2916
E-mail: campinas.budismo@gmail.com
Web: www.budismocampinas.org.br/

Meditação Budista Tibetana (Vajrayana)

Centro Budista Tibetano Kagyu Pende Gyamtso
Condomínio Jardim América, Lotes F1/F3, G2/G4
CEP: 73070-023 - Sobradinho II — DF CEP: 04-003-010
Fone: (11) 3266—6188
Web: www.kalu.org.br

Shambhala Meditation Group
Fone: (11) 3717-1418
E-mail: info@shambhala-brasil.org
Web: www.shambhala-brasil.org

Fundada no começo dos anos 1970 por Chogyam Trungpa Rinpoche, um estudante de Oxford mestre de meditação Tibetana que adaptou os ensinamentos tradicionais em uma forma nova e acessível para a sua audiência ocidental, Shambala conta com mais de cem centros de meditação espalhados pelo mundo (incluindo seis retiros rurais) e a única faculdade, com base no

Budismo, autorizada na América do Norte, o Naropa Institute em Boulder, Colorado.

Meditação de introspecção (Vipassana)

Comunidade Budista Nalanda
Belo Horizonte — MG
Web: `www.nalanda.org.br`

Baseado nas práticas tradicionais Budistas de atenção plena, como ensinada no Sudeste Asiático (geralmente conhecida por Vipassana, ou meditação de introspecção), Nalanda oferece uma variedade de opções de práticas.

Casa de Dharma
Rua Dna. Antônia de Queirós, 532 / 23 — São Paulo — SP
Fone: (11) 3256-2824
E-mail: `casadedharma@yahoo.com.br`
Web: `www.casadedharma.org`

Oferece intensiva prática da meditação de introspecção, incluindo retiros de curto e longo prazo conduzidos por professores ocidentais.

Centro de Meditação Vipassana
Rio de Janeiro
Fone: (21) 2537-5126
E-mail: `info@santi.dhamma.org`
Web: `www.santi.dhamma.org`

Afiliado a mais de trinta centros e muitas associações em 35 países do mundo, a CMV organiza retiros de intenso silêncio na tradição do professor indiano de Vipassana S. N. Goenka. Entre um contato com a CMV e peça um calendário de retiros ou procure um grupo perto de você.

Outras organizações

Estresse-Reduction Clinic
Estrada da Tabatinga
Caixa Postal 386 — Campos do Jordão — SP
Fone: (12) 3663-3168
Fax: (12) 3663-4206
E-mail: contato@ashram.com.br
Web: www.ashram.com.br

Alcio Braz Soho Eido - Médico Psiquiatra
Rua Visconde de Carandaí, 43 — Jardim Botânico — Rio de Janeiro, RJ
CEP: 22460-020
Fone: (21) 2512-8187
Web: www.zenjb.blogspot.com

Meditation for Beginners: Workshops and Retreats (estrangeiro)
P.O. Box 1206
Cornville, AZ 86325
Fone: 415-451-7133
E-mail: stephanbodian@hotmail.com
Web: www.stephanbodian.org (em inglês)

Livros

Como vai descobrir se consultar uma livraria alternativa local (ou uma das grandes livrarias virtuais como Amazon.com e Submarino.com.br), existem vários livros sobre meditação* — embora nenhum deles, em minha humilde avaliação, seja tão abrangente e fácil de usar quando este. Esta é uma breve lista detalhada de alguns de meus títulos favoritos. Muitos são focados em uma tradição ou técnica específica; outros enfatizam a aplicação da meditação para a cura, máximo desempenho, desenvolvimento espiritual; e vários deles realmente não têm nada a ver com meditação, mas sim, investigações intensas sobre temas relacionados, como iluminação e Budismo.

Budismo Para Leigos, de Jonathan Landaw e Stephan Bodian (Alta Books)

> Diferente da maioria das religiões, o Budismo é focado na prática em vez da doutrina e esta introdução abrangente, fácil de usar, mostra como a tradição evoluiu através da Ásia e eventualmente trouxe a sua ênfase de atenção plena ao presente para um

interessadíssimo público ocidental. Contém capítulos que explicam a meditação Budista, descrevem um dia típico na vida de um Budista, em diferentes tradições e esclarece conceitos Budistas fundamentais como o karma e a iluminação.

Christian Meditation: Experiencing the Presence of God (em inglês), de James Finley (HarperSanFrancisco, 2004)

Escrita por um orientador que estudou com o contemplativo Católico Thomas Merton, esta introdução clara para usar a meditação como uma forma de conectar-se com o Deus ao nosso redor. Definindo a meditação como uma "forma de reflexão religiosa, usando pensamentos e imagens", o autor explora alguns dos principais temas da meditação cristã. Ele enfatiza a importância de habitar nossos corpos para que se possa obter uma percepção compenetrada do significado da encarnação e o valor de meditar na tiune (três partes) natureza de Deus.

A Dieta de Salvando o Seu Coração, de Dean Ornish, Dr. (Relume Dumará, 1995)

Embora a meditação seja apenas um aspecto da dieta de Ornish (junto com yoga, exercícios, dieta de pouca gordura e grupo de apoio), este livro revolucionário é uma leitura imperdível para pacientes cardíacos e suas famílias — e um lembrete sensato para aquelas pessoas perfeccionistas e outras personalidades do tipo A. Uma mensagem simples, mas poderosa: para curar o seu coração, tem que abrir seu coração.

Healing into Life and Death (em inglês), de Stephen Levine (EUROPA-AMÉRICA, 1989)

O autor, que treinou e ensinou extensivamente com Elizabeth Kubler-Ross, foi o pioneiro em um tratamento para doenças sérias e terminais, que utiliza introspecções e técnicas tiradas da tradição Budista. Um livro transparente, sincero, projetado para ajudá-lo a trazer amor e cura às circunstâncias mais difíceis e dolorosas na vida.

O Poder Curativo da Mente, de Tulku Thondup (Ed. Pensamento)

Um habilidoso resumo dos ensinamentos Budistas sobre cura, escrita por um mestre e estudioso de meditação Tibetana, este livro fácil de ler, oferece não somente uma diversidade de práticas básicas de cura, mas também profundas introspecções sobre a natureza da mente e a verdadeira fonte de sofrimento.

Lovingkindness: The Revolutionary Art of Happiness (em inglês), de Sharon Salzberg (Shambhala, 1995)

Escrito por uma professora e fundadora da Insight Meditation Society em Barre, Massachussets,Estados Unidos, este livro fornece uma série de exercícios para aumentar a sua felicidade e paz de espírito com a cultivação de qualidades como a bondade, tranquilidade, compaixão, generosidade e alegria empática.

A Mente Meditativa, de Daniel Goleman (Ática)

Do mesmo autor do best-seller *Inteligência Emocional*, este livro explora a psicologia da meditação, incluindo uma descrição detalhada do terreno interior que os meditadores podem encontrar e proporciona um panorama útil dos diferentes métodos de meditação, de Hindu e Budista até Sufista, Judaica e Cristã. Prepare-se para termos e ideias espirituais um tanto complexos.

Um Caminho com o Coração, de Jack Kornfield (Cultrix)

Baseado na experiência do autor como um meditador Budista e professor de meditação por mais de 25 anos, este livro oferece um mapa detalhado para a jornada espiritual que pode ser usado para qualquer tradição. Repleto de sábios conselhos e histórias comoventes que tornaram Kornfield um palestrante famoso em conferências ao redor do mundo.

Paz a Cada Passo: Como Manter Sua Mente Desperta no Dia a dia, de Thich Nhat Hanh (Rocco)

Do monge Budista Vietnamita nomeado ao Prêmio Nobel da Paz por Martin Luther King, este livro suave e compassivo, ensina a estender a prática da consciência compenetrada para todos os momentos da vida. Cheio de exemplos inspiradores e influenciado pelo compromisso do autor com a justiça social e a consciência ecológica.

O Poder do Agora, de Eckhart Tolle (Sextante)

Este livro traz orientações para a jornada do conhecimento de sua natureza espiritual atemporal, para que se torne completamente presente e incorporado ao "Agora". Ensinados por um professor que certamente é coerente ao seu discurso, as palavras têm uma autoridade espiritual que lhe convida a ir além , vivenciando as experiências diretas da meditação. Altamente recomendado.

O Livro Tibetano do Viver e do Morrer, de Sogyal Rinpoche (Talento)

Embora este livro transmita os tradicionais ensinamentos Budistas Tibetano sobre a morte, morrer e renascimento (o que pode ou não ser interessante para você), ele também é repleto de histórias reconfortantes e práticas poderosas que podem ser usadas não só para ajudar no processo da morte, mas também para trazer mais amor e compaixão para sua vida agora mesmo!

Yoga Para Leigos , de Georg Feuerstein, PhD e Larry Payne, PhD (Alta Books)

Se você gostou das posições de yoga no Capítulo 7 deste livro e quer saber mais, confira este livro. Você encontrará instruções especiais para várias posições, das mais fáceis às mais desafiadoras, projetadas para manter o seu corpo e mente flexíveis e em forma. Além de introspecções esclarecedoras sobre o espírito do yoga, por Georg Feuerstein, um dos mais importantes conhecedores de yoga na América.

Relatos de um Peregrino Russo, de Olga Savin (Vozes)

Este livro conta a história verdadeira de um simples camponês do século XIX que vaga pelo campo recitando a oração de Jesus ("Senhor Jesus Cristo, tende piedade de mim!") e encontrando amor e alegria por onde passa. Um conto inspirador sobre o poder da meditação de mantra Cristã.

A Mente Alerta, de Jon Kabat-Zinn (Objetiva)

Escrito pelo fundador da pioneira Clínica de Redução de Estresse no Centro Médico da Universidade de Massachusetts, E.U.A., este caloroso e poético livro ensina a despertar para a beleza e a riqueza de cada momento, usando a prática de atenção plena Budista. Capítulos curtos e anedotas pessoais fazem deste livro um ótimo livro de cabeceira!

Mente Zen, Mente de Principiante, de Shunryu Suzuki (Palas Athena)

Não é exatamente um manual de instruções, mas sim uma meditação prolongada sobre a natureza da meditação (e da vida), por um dos mais queridos mestres Zen de nossos tempos. O livro combina perfeitamente introspecções profundas e orientações práticas. Um clássico espiritual que é também de fácil compreensão.

Apêndice B

Sobre as faixas de áudio

Abaixo segue a lista das faixas de áudio que acompanham este livro. O conteúdo é exclusivamente de áudio.

Faixa 1	Introdução
Faixa 2	Meditação: É Mais Fácil do que Você Imagina
Faixa 3	Entrando em Sintonia com Seu Corpo
Faixa 4	Meditação de Plena Atenção Básica
Faixa 5	Encontrando uma Boa Postura para Você
Faixa 6	Meditação Caminhada
Faixa 7	Meditação de Bondade
Faixa 8	Transformando Sofrimento em Compaixão
Faixa 9	Substituindo Padrões Negativos por Energia Positiva
Faixa 10	Meditação Fundamentadora
Faixa 11	Consultando o Guru Dentro de Você
Faixa 12	Um Lugar Tranquilo

Se você tiver problema com os áudios, por favor, entre em contato conosco pelo site `www.altabooks.com.br`.

ROTAPLAN
GRÁFICA E EDITORA LTDA
Rua Álvaro Seixas, 165
Engenho Novo - Rio de Janeiro
Tels.: (21) 2201-2089 / 8898
E-mail: rotaplanrio@gmail.com